梦 想 的 力 量 不 可 低 估
演 说 的 魅 力 不 可 思 议

从日薪五元到亿万身家

80后演说少帅16年筑梦之旅的传奇故事

纳兰泽芸 著

四川人民出版社 巨海集团 JUHAI GROUP

图书在版编目（CIP）数据

从日薪五元到亿万身家 / 纳兰泽芸著. —成都：四川人民出版社，2017.7

ISBN 978-7-220-10180-9

Ⅰ. ①从… Ⅱ. ①纳… Ⅲ. ①成杰—传记 Ⅳ.①K825.38

中国版本图书馆CIP数据核字（2017）第125347号

CONGRIXINWUYUANDAOYIWANSHENJIA

从日薪五元到亿万身家

纳兰泽芸 著

出品人	黄立新
策划编辑	李真真
责任编辑	赵 静 章 涛
装帧设计	张迪茗
责任校对	袁晓红
责任印制	李 剑
出版发行	四川人民出版社（成都槐树街2号）
网 址	http://www.scpph.com
E-mail	scrmcbs@sina.com
新浪微博	@四川人民出版社
微信公众号	四川人民出版社
发行部业务电话	（028）86259624 86259453
防盗版举报电话	（028）86259624
照 排	四川胜翔数码印务设计有限公司
印 刷	四川机投印务有限公司
成品尺寸	145mm × 208mm
印 张	9.25
字 数	200千
版 次	2017年7月第1版
印 次	2017年7月第1次印刷
印 数	1-70,000册
书 号	ISBN 978-7-220-10180-9
定 价	49.80元

成杰近照

成长篇

Grow up

爱自己最好的方式就是成长自己

爱众生最好的方式就是成就众生

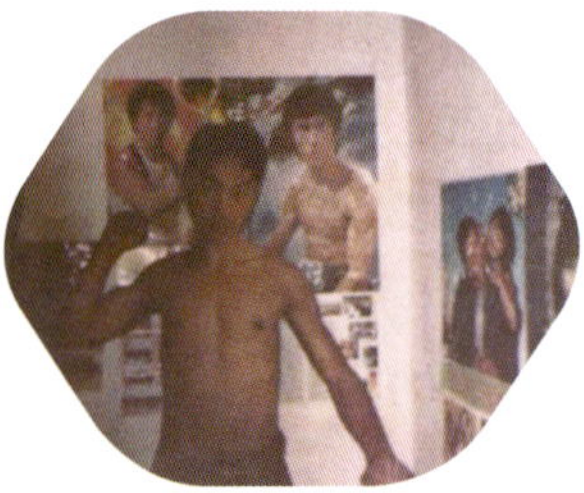

17岁热爱武术

19岁身揣560元离开家乡
只身一人到四川绵阳追寻梦想

21岁开设“成杰书社”

2003年进入教育培训行业（右一：成杰）

2004年大学公益演讲（一）

2004年大学公益演讲（二）

第一场公开课：《迈向成功之路》

2004年成杰教育培训机构团队成员

2005年到江苏南京

2006年勇闯上海滩

2008年创办巨海集团

2010年成杰做客中央人民广播电台

2016年成杰在北京大学发表演讲

生命的成长在于日日精进，与书为伴

创业篇

Entrepreneurship

创业是人生最好的修行

2008年11月巨海创业之初

2009年

2010年

2011年

2011年巨海公司三周年庆典

2012年成杰与严华携手开拓西南市场

2012年巨海成都分公司成立

2012年12月秦以金拜师成杰

成杰老师做客CCTV《光荣之路》栏目

2013年5月全员培训

CCTV《光荣之路》栏目组莅临巨海总部取景拍摄

巨海成长突击队

巨海团队

利众篇

The Benefit Of The Public

利众者伟业必成 一致性内外兼修

巨海集团奖励严华奔驰

成杰赠送刘育良宝马

成杰赠送秦以金路虎

成杰赠送梁汉桥保时捷

巨海集团奖励孙蔚奥迪

成杰赠送闫敏梅赛德斯–迈巴赫

成杰赠送刘科征奔驰

“90后”吴芳在巨海奋斗2年拥有奥迪

演说篇

Speech

人类的每次进步 都离不开语言开路
每个伟大的领袖 都是一流的演说家

YIYU
DING
QIAN

游学篇

Study Tour

人生就是一场体验的盛宴

生命就是体验的总和

巨海弟子班走进波司登

成杰与波司登集团高德康董事长合影

巨海弟子班走进统帅装饰

成杰与统帅装饰集团杨海董事长合影

巨海弟子班走进谷歌

成杰与德邦博派杨列茂董事长合影

巨海弟子班走进德邦博派

巨海弟子班走进微软

游学新疆·天山

游学安徽·黄山

游学云南·丽江

游学重庆·武隆

游学四川·峨眉山

大师篇

The Master

向高能量的人化缘

持续不断自我超越

成杰与共和国演讲家
李燕杰教授合影

成杰与共和国演讲家
彭清一教授合影

成杰与共和国演讲家刘吉教授合影

成杰与汤姆·霍普金斯合影

成杰与马克·汉森合影

成杰与“中国式管理之父”曾仕强教授合影

成杰与马云合影

成杰与俞敏洪合影

成杰与王健林合影

成杰与牛根生合影

成杰与刘永好合影

成杰与刘永行合影

成杰与柳传志合影

成杰与郭广昌合影

成杰与侯斌合影

成杰与于丹合影

成杰与贤宗法师合影

慈善篇

Charitable

慈善是一趟心灵的旅行

慈善不在于钱而在于与心

西昌巨海百圆希望小学

西昌巨海成杰希望小学

康定巨海彭清一希望小学

西昌巨海李燕杰希望小学

康定巨海赖星宇希望小学

康定巨海周潇潞希望小学

眉山巨海沈月芳希望小学

泸州巨海秦以金希望小学

西昌巨海成杰希望小学

江西金溪巨海梦婷希望小学

幸福篇

Happiness

成功是人生追寻的旅途
幸福是生命最终的归宿

2009年成杰父亲来上海，与公司员工合影

成杰带母亲到北京旅游

成杰陪同父亲去北京天安门

成杰父亲第一次到上海

成杰母亲60岁生日

成杰陪同母亲去北京天安门

成杰母亲60岁生日合影留念

幸福一家

成杰与闫敏

CONTENTS

目 录

第二辑：敲开教育培训业的一道门

一只蝶之幼虫，在拥有一个自由飞舞的蝶之梦后，它甘愿作茧自缚，因为它知道，虽然束缚是痛苦的，挣扎是费力的，但一旦挣脱束缚，超越痛苦，就会成为一只在明媚阳光下迎风起舞的蝶！

第三辑：扎根，是为了蓄积向上的力量

清晨，他在熹微的晨光中孤独地醒来。东方的天空，由鱼肚白渐渐变得有了一点点色彩，他知道那浓重的云翳下面，是一轮正在挣扎上升的红日……

第四辑：灵魂被唤醒

静夜时分，万籁俱寂，成杰却无论如何都睡不着，心里翻江倒海。那一刻他才明白：一个人活着，不能仅仅只为了证明自己，还要去帮助、影响和成就更多的生命！

第五辑：得此佳偶，夫复何求?

他深情凝视着刚生完孩子身体虚弱的妻子，抚摸着妻子苍白的脸，感到那句话说得真对：对我们的人生影响最大的，前半辈子是父母，后半辈子是枕边人。

第六辑：慈父音容，永驻心空

老舍说：“人，即使活到八十岁，有母亲便多少还有点孩子气。失去了慈母便像花插在瓶子里，虽然还有色有香，却失去了根。有母亲的人，心里是安定的。”当成杰想到这句话，话中的“母亲”会自动变成“父亲”……

第七辑：携手巨海，大展鸿鹄之志

不入巨海，无以得珍珠。巨海是一个造梦的地方，让有梦的年轻人扬帆起航；巨海是一个能量场，吸引卓越的人才共铸辉煌！

第八辑：背着泉水往沙漠倾注的人

巨海人坚信，终有一日，他们的一瓢一斛，最终会引来甘霖无数，善行若水，润泽天下，终将化为大爱无疆的爱之绿洲，绵延无际。

后记

楔子

时光巨手施展的魔法

2015年，巨海集团董事长成杰从事演讲教育12周年！

从2003年到2015年，是的，整整12年！

12年时间，一个呱呱坠地的女婴能够成长为一个天真烂漫的少女；

12年时间，一份卿卿我我的爱情能够沉淀成血浓于水的亲情；

12年时间，满面的玉肌能够变成深深的沟壑；

12年时间，满头的青丝能够变成斑斑的两鬓；

……

世人皆知，100年，是一个世纪的轮回；60年，是一个甲子的轮回；10年是一个天干的轮回；而12年，是一个地支的轮回，也是一轮生肖的轮回。

是的，轮回。

这12年，对于成杰来说，是一个极不平凡的轮回。这个轮回，不是回到原点的轮回，而是经过一年又一年的累积，终于完成了质的飞跃的轮回。

时光的神奇之手，在这12年中让一个曾经贫穷、自卑、迷茫、失落且有过连续63天找不到工作而流浪街头的无助青年，华丽蜕变，如今已成为拥有60多家分公司、亿万身家的巨海集团董事长。

时光是一个魔法师，它让成杰从一位生产流水线上的普通工人到世界华人演说家俱乐部主席，从听众不足10人的初试牛刀到飞行125个城市巡回演说3800多场，从日薪五元的打工者到创办巨海并发展到60多家分公司的青年企业家，从艰苦创业到带领巨海腾飞并当选2015年第三届青年川商领袖！

这样的天渊飞跃，足以令人瞠目结舌，啧啧称奇！

然而，这些蜕变，都只是成杰今日所拥有的一部分。

他还拥有一颗好学之心。品读文学经典，感悟人生智慧，从《从优秀到卓越》《一语定乾坤》到《大智慧》，成杰著述的多部畅销书激励了数以万计的企业家和有志青年！

他还拥有一颗慈善之心。功成名就后，成杰依然不忘初心，一直关注贫困山区的教育，关注留守儿童的成长，曾立志用毕生的时间和精力捐建101所巨海希望小学，如今已捐建了8所希望小学！

感动还在继续，惊喜还在继续，传奇还在继续！因为通过自己的能量影响、帮助更多的人，是成杰矢志不渝的追求！

12年，时光的巨手究竟施展了何种魔法，让这位“80后”青年的人生何以有如此魔术般的蜕变？

他，将告诉我们，成功不是一夜之间，也不是一蹴而就。

第一辑 生存的困惑与迷茫

—— 21岁的孤寂春节 ——

2003年1月31日，除夕之夜。四川绵阳这个城市正下着淅沥小雨。铅灰色的云层低低地压向地面，像一个锅盖一样罩得大地一片苍茫、阴沉。

在一间只有8平方米大的简陋出租屋内，一个21岁的年轻人蜷缩在他的小床上。

天气很冷，他床上的被子有点单薄，这个小出租屋是在一栋四层居民楼顶层搭建起来的一间陋室，墙壁很薄，屋顶与墙壁之间露着很多小小的孔隙，隆冬凛冽的风从孔隙间钻进来。

然而，身上的冷并不可怕，可怕的是心里的冷，那种冷，砭入骨髓。年轻人难以抵抗小屋里的冷寂，他想，去街上走走，应该会好一些吧。

他跳起来，穿上衣服鞋子，来到街上。大年三十的下午，路上的行人个个喜气洋洋，孩子们穿着棉衣棉裤在门口捂着耳朵放鞭炮，商铺、小区都挂上了红彤彤的灯笼，空气中弥漫着菜肴的香味。年轻人使劲吸了一口气，的确，他已经很长时间没有吃到可口美味的饭菜了。

这位21岁的孤独青年，名叫成杰，他是四川绵阳长虹厂的一名流水线工人。

原本这个春节成杰是准备回家乡过年的，但是他很想开一间书店，当时开一间书店大概需要16000元钱，他手里并没有开书店的充足资金。

春节前他听厂里同事说春节加班有加班工资，而且加班工资比平时上班要高出三倍呢！成杰当即决定春节留下来加班。为了凑足这开书店的16000元钱，他计划分三个步骤走：一、春节留在工厂加班，春节加班费比平时多，多挣点加班费；二、春节后回老家看看能不能凑一些；三、向朋友同事们再借一些，赚了钱就还他们。

佳节倍思亲。想起家中患病的父亲、瘦弱的母亲，除夕夜，他失眠了，躺在床上脑中像过电影一样，辗转反侧，难以入睡。

成杰睿语

没有平凡的人，只有平凡的人生。

你是谁并不重要，重要的是：

你是否一直在坚持自己的梦想！

—— 胸腔里无从突围的一团火 ——

成杰当时的工作是在长虹电视三厂当搬运工，每天的工作就是从货车上把一部部返修的电视机卸下来，搬到厂房里，一个月工资360元。这样的活儿对原本瘦弱的成杰来说，可不算轻活。

每每累了一天的他，拖着灌了铅一样的双腿瘫软在宿舍里的简易床上时，成杰的内心是焦灼的，胸口像是有一团火在燃烧。然而，任凭那团火如何在胸腔里左冲右突，仍然是无从突围。

虽然内心焦灼，但他却并没有选择抱怨，他知道要改变现状，改变生活，先要学会接受生活，拥抱生活。只有对生活采取接纳的态度，才能驯服它、驾驭它，在接纳生活的同时，他要不放弃对生活的追求与热望。

因此成杰的口袋里总是揣着一本书，在沉重的搬运劳动休息间隙，别的工友吹牛的吹牛，打牌的打牌，只有他手捧一本书在认真地看。他心里有一个坚定的声音在告诉自己：

我一定不会永远待在这个地方，我一定会走向一个更适合我的更高的人生层面！

成杰心里非常明白，对于他来说，走向人生更高层面的唯一方法只有两个字，那就是：读书。只有多读书，他才能用知识武装自己的头脑。

有一次在宿舍里，一个工友要成杰陪他们一起打牌。成杰说："对不起啊，你们打吧，我要看书。"那个工友冷嘲热讽地说："哟，一个做苦力的穷小子还读什么书啊，有什么用啊？还想飞到天上不成？"

旁边另几个工友哈哈大笑起来，那刺耳的笑声一瞬间让成杰身体里的血液奔流汹涌，他的脸顿时涨得通红，他紧紧攥着拳头，心里暗暗发誓：燕雀焉知鸿鹄之志！总有一天，我会证明给你们看！

一股愤懑之气压在成杰心里。他走出空气污浊的宿舍来到外面，深深地吸了一口气。虽已是早春，但春寒料峭，冷风凛冽。成杰忽然看见宿舍不远处光秃秃的小树丛里绽放出一簇簇嫩黄的小花儿，走近一看，哦，原来是结香花开花了！结香花是一种一米多高的小灌木，平时貌不惊人，尤其是隆冬季节，光秃秃的枝干，没有一丝生机。可是现在你看，春风还没有真正吹过来呢，这小灌木上开满了白白黄黄的小花，一簇一簇的，开得是嘤嘤嗡嗡、热热闹闹。空气里也散发着一种隐隐绰绰的甜香，仿佛半卷着嫩黄粉白的珠帘，它们欢欢喜喜、无所顾忌、花团锦簇地开着。

成杰觉得在结香花面前，迎春花是徒有虚名了，该让迎春花快把名号让过来吧！成杰将那黄黄嫩嫩的结香花托在手心，看哪，小小的圆筒形花朵密密麻麻簇生在一起，花冠一律朝下，是无数个小小的喇叭筒，凑在一起吹着一支嫩黄悠悠的初春歌子！

这是一曲新生命的歌子！今天偶然再次看到这开放的结香花，

成杰原本愤懑压抑的心，竟变得激昂而欣喜了。因为这结香花可算是他的“老朋友”了。在他读初中的时候，他爱看书、爱思考，很讨老师的喜欢。初中有两个学期他都是借住在校长的一间闲置宿舍里，校长很喜欢这个勤奋好学的学生。

有一年早春，成杰在校园里看见了这结香花，觉得很新奇。在这万花未开的凛冽早春里，这小花迫不及待地开放了，成杰凑近一闻，香味很浓，浓得似乎太过猛烈，有点不大礼貌，可是却找不到它的一片叶子。哦，叶子还缩在花的后面微盹着呢，仅仅绽开了一点叶苞，被一层茸毛覆盖，还没睡醒。叶儿尚未睡醒，花儿是等不及了，在料峭的早春寒风里，漫天漫地，抢着把所有的美丽和芬芳都急不可耐地倾尽而出。成杰觉得这结香花有点太不够低调，不够收敛了。

有一次偶然跟校长聊起结香花，校长的一番解析令成杰恍然大悟。结香花又叫探春花，它的小小花苞是早在头年的落叶纷飞之时就已悄悄形成，这时他便立刻觉得错怪了它们。这些小小的生命，要捱过严冬，捱过霜风，捱过雪剑，然后，春的脚步隐隐传来之际，它们便迫不及待地绽放了。于是，一夜之间，粉粉的、黄黄的小花挨挨挤挤，却没有夺目的红艳和妖娆。开放，不是为了万人瞩目，只是为那捱风顶雪盼了一个冬天的梦。它们倾尽所有气力，只为那极致的精彩！

这小小的结香花，当时给了成杰很大的触动。可以说，后来成杰毅然走出大凉山，孤身闯荡，捱风顶雪，也是想像结香花那样，只为实现自己人生的极致精彩。

当成杰从那丛结香花中抬起头时，感觉心中有股清风拂过的同时，也有些迷茫。明朝文学家袁宏道曾说他看见了春天："高柳夹堤，土膏微润，一望空阔。冰皮始解，波色乍明，鳞浪层层，清澈见底，晶晶然如镜之新开而冷光乍出于匣也。"这样的春天，多美！此刻的成杰多想也能尽快看见自己人生的春天啊！

他的内心不由感慨起来——是啊，日子白驹过隙，他来绵阳竟然近两年光景了！这两个寒暑易节的轮回，自己究竟获得了什么呢？

2001年2月16日，少年成杰深深记得这个日子，春节刚刚过去不久。那一天，19岁的少年成杰背起简陋的行囊挥别父母、姐姐，挥别生活了19年的家乡。他暗暗在心里发下誓言：我成杰不干出点成绩来，决不回家！

这次成杰走出大凉山的目的地，是四川绵阳。之所以选择绵阳，是因为成杰有个从小一块长大的好朋友李吉明在那里，他满怀希望地投奔而去。

去了绵阳的成杰，以为找到了人生的光亮，没想到一个接一个的打击让他几近心灰意冷——帮朋友打理小饭馆，小饭馆倒闭；想进长虹电器厂，被拒绝；在路边小餐馆打杂，被骗；当流浪报童、摆小书摊，被城管追着跑……

在此期间，成杰饱尝世态炎凉，人情冷暖，然而他把这些都埋藏在内心深处，酝酿成自己继续前行的动力。

兜兜转转半年快过去了，终于在2001年7月份经过多番努力进了长虹公司空调安装队当了一名空调安装工。其实这次当上空调安装工，并不是成杰有多幸运，而是7月适逢一年中最酷热的季节，空调安装工人手奇缺。在酷热的夏季，空调安装工给人们带去的是一份份清凉，可是对于安装工自己来说，却是一份严峻的考验。

酷暑难耐，气温三十八九度，一个黝黑消瘦的男青年扛着笨重的空调正在艰难地爬楼梯，他要到五楼的一户人家去安装空调。这个年轻人，就是刚刚入职不久的空调安装工成杰。

原本按照常理来说，像他这样入职没多久的安装工，是需要有一个老师傅带着的，可是现在正是最酷热的天气，空调安装工根本调配不过来，他只好单枪匹马上阵了。

在一间闷热的屋里，成杰开始拿出电钻在墙上打排水孔。因刚入职不久，对安装空调并不太熟练，以他的经验和力气似乎不太能驾驭这轰鸣的电钻。他站在一把椅子上，电钻的震动让他瘦弱的身体也跟着颤抖，伴随着电钻刺耳的尖啸声，粉尘四散，他的头发上、眉毛上、脸上、身上不出一会儿就积了一层石灰粉，他变成了一个“白人”。

但他现在根本无暇顾及这些，只想将所有的力气和注意力都放在自己的两只手上，电钻一点一点地钻进墙壁，站在椅子上的成杰也长久地不敢挪动一下僵直的身体。

终于，电钻头一阵空转，钻通了！

成杰长舒一口气，跳下椅子，正准备安装空调主机，低头却发现雪白的主机上有点点刺目的殷红，仔细一看，竟然是鲜血！他这才反应过来自己的虎口原来早被磨破震破了，刚才钻孔时太集中精力都没觉得疼，现在疼得火烧火燎，那破口的地方就像有一个小心脏在那里“突突突”一跳一跳地疼。

其实对于成杰来说，钻孔都是小事情，更大的考验在后面，那就是安装空调外机，这是个危险的活儿。上个月就有个安装工人在装空调外机的时候从十楼坠下去，当场失去了生命。如果是两个人一起安装，一个人身上系上安全绳，安全绳另一端固定在室内某一固定物体上的同时，同伴可以拉着以防意外发生。

可现在，只好他一个人来完成这项工作了。他把安全绳一头绑在客户家的防盗窗上，另一头绑在自己腰上。室外骄阳似火，成杰的头被烤得昏昏沉沉的，豆大的汗珠流进眼里，把眼睛腌得生疼。

终于把这家空调安装好了，成杰已很乏累，可是还不能歇，还有下一家在等着他。而且空调安装拿的是计件工资，多装一台就多一份收入，成杰想尽量多挣点钱。他拖着已经酸疼的身子又开始奔赴下一家……

7月一过，空调安装的旺季就过去了，工厂开始裁减空调安装工，成杰被分流去了长虹电视三厂搬运部。搬运部的工作就是每天把拉回厂里返修的电视机从货车上搬进厂房。这个工作相当繁重，每天返修的旧机器络绎不绝，加班到深夜是家常便饭。每当夜深之时，成杰满身酸痛，拖着灌铅似的双腿回到简陋肮脏的集体宿舍，脸都顾不上洗就一头栽倒在自己的小床上。

耳朵里充塞着工友们的吵嚷声、谩骂声，还有打牌时无所顾忌的喧哗声，鼻中忍受着脚臭味、汗臭味以及说不出来的各种气味。这种环境下，不要说看书了，就连正常的休息都保证不了。

搬运工实习工资是360元，成杰辛辛苦苦一个月，当月底拿到几张薄薄的钞票时，他的心里都会涌起一阵悲哀——这样日复一日地蹉跎着光阴就为这少得可怜的几张钞票吗？我的人生难道就要这样浑浑噩噩地度过吗？想起当初离家时的"雄心壮志"：一定要干出名堂，一定要让父母过上好生活！

可如今呢？连自己都只能勉强养活。

不，再也不能这样下去了。

他做了一个决定，与一个叫阿文的工友商量后，两个人在工厂附近租了一户人家的小阁楼。说是小阁楼，其实就是人家住户用石棉瓦搭的一个简陋的小棚屋，只有10平方米左右。两边各放一张简易小床之后，中间就只能容一人侧身走过。

白天上班，晚上回来睡觉，小棚屋搭在楼顶，白天被烈日炙烤了一天，晚上闷热异常。但即使如此，成杰仍然觉得比在集体宿舍好很多，至少晚上回来他可以安静地看书了。另外，一个星期还有一天轮休，这休息的一天，他也全部用来读书。

成杰睿语

你梦想的大小决定你成长的快慢；

你格局的大小将决定你成就的大小！

—— 渴望成功，渴望改变命运 ——

随着读的书越来越多，成杰感觉自己面前的世界越来越宽广，人也变得越来越积极。

那时候他看得最多、也最喜欢看的书就是成功人士的传记。毛泽东、孙中山、拿破仑、李嘉诚、比尔·盖茨、山姆·沃尔顿、富兰克林、曼德拉、胡雪岩、曾国藩、王阳明……

成杰感到每读完一本传记，他的心里都会充盈满满的喜悦与力量。他发现，原来古今中外那些伟大的人物，他们绝大多数也曾是贫穷、低微、卑下的小人物，却凭着自己的努力奋发，一步步走上人生辉煌的巅峰。

他以前时常自怨自艾，觉得老天为什么那么不公平，为什么有些孩子就能含着金钥匙出生，一辈子锦衣玉食，荣华富贵，而自己却出生在大凉山深处一个家徒四壁的家庭？

自从看了那些伟人的传记之后，他不再抱怨，甚至觉得这或许是老天给他的另一种形式的恩赐，是特意来考验他，让他成为一个非同寻常的人。他把孟子的那句话写下来贴在墙上，每天念几遍：“天将降大任于斯人也，必先苦其心志，劳其筋骨，饿其体肤，空乏其身，行拂乱其所为，所以动心忍性，增益其所不能。”

后来，他悟道：“生命的强大在于历经苦难。”

毛泽东，从一个默默无闻的农家子弟到世界闻名的伟人；李嘉诚少年丧父，小小年纪就挑起养家糊口的重担；山姆·沃尔顿出身于贫寒农家，终成商界神话……

而对成杰产生最大影响的是林肯，林肯的一生，才是真正印证了孟子的那段话。

1809年的一个严冬，林肯出生在一个荒凉的茅草屋里。9岁时，年仅34岁的母亲不幸去世。大半生失意潦倒，打击连连，却屡败屡战。直到1860年，51岁，成功当选美国总统！这样一位令全世界都为之叹服的伟人，一生中进学校的时间，加在一起总共不到一年！勤奋上进的林肯不放过任何可以学习的机会。就算生活再艰苦，他也从未抛弃梦想。他说：有些事情一些人之所以不去做，只是因为他们认为不可能。其实，有许多不可能，只存在于人们的想象之中。

成杰对林肯的话感同身受：如果你的世界沉闷而无望，那是因为你自己沉闷无望。改变你的世界，必先改变你自己的心态。此路艰辛而泥泞。我走得很慢，但是我从来不会后退。对付屡战屡败的最好办法，就是屡败屡战永不放弃。

美国著名脱口秀主持人奥普拉，也是成杰极为敬佩的。奥普拉，这个历经苦难却最终凤凰涅槃的黑人女子，用她的人生经历告诉人们何为“凤凰涅槃，浴火重生”。

这个黑人女子是当今美国最具影响力的文化传媒领袖，她的《奥普拉脱口秀》赢得了亿万观众的心。她成为第一位进入福布斯排行榜的女性，而她成功的背后是无比辛酸、艰辛的往事。

1954年，奥普拉出生在美国南方一个又脏又偏僻的农场里，后来因她的母亲实在无法忍受这种贫苦的生活，把她扔给了祖母，就离家出走了。受人歧视的黑人生活使奥普拉从小就尝到了人间苦难，幼年遭到亲戚性侵，后来生下一个孩子，婴儿出生两周后就夭折了。得不到关心和保护的奥普拉开始自暴自弃，她离家出走、偷东西、吸毒、打架、鬼混。后来，在外服兵役的父亲把她从深渊中拯救了出来，引导她开始新的生活，父亲激励她追求卓越。奥普拉的内心被唤醒，她决定成为最好、最聪明的人。“我要看看自己的生命里究竟能发生什么样的事。”17岁的奥普拉暗下决心。她重返学校，后来考上了大学。求学时她苦练口才，凭着自己出色的口才获得“田纳西小姐”的桂冠。

19岁那年奥普拉被当地一家电台聘为业余新闻播音员，从此涉足传媒界。29岁那年，奥普拉迎来了职业生涯的新阶段，她人生的转机来了，芝加哥电视台欣赏她的才华，邀请她主持一档脱口秀节目，并大获成功。以此为起点，奥普拉在脱口秀的大道上迎风疾跑，一次又一次展现了不凡的风采。

“听从自己内心深处的呼唤。”这是奥普拉的名言，也可以当作她的人生哲学，而正是这简简单单的一句话，不知感染了多少人擦掉泪水，起而奋斗。

另外，晚清四大名臣之一的曾国藩也深深触动了成杰年轻的心。曾国藩从一个天资驽钝的孩童，到位极人臣，这给成杰的启示也极为宝贵。

曾国藩诗云："莫言儒生终龌龊，万一雉卵变蛟龙。"这条"蛟龙"果真并未仅仅停留在诗文里，而是神奇地冲天而起，造就了一个个的"不可思议"。他从钝拙得被小偷奚落的孩子，到匡扶社稷的一代重臣，这样的人生跨越，简直不可思议。无数后来者叩问往昔，却不得要领。

成杰从曾国藩写下的"旧雨三年精化碧，孤灯五夜眼常青"诗句里，仿佛看到了坚硬的钢铁在年复一年的绵绵细雨之下，终至锈蚀；那个"资质驽钝"的人，读书夜复一夜，就算辛苦，就算眼圈发黑也在所不惜。成杰恍然明白，由驽钝之资鱼跃而成一代重臣，答案原来就在此十四字——旧雨三年精化碧，孤灯五夜眼常青。

惟有旧雨化碧之恒，始得雉卵蛟龙之奇。

所有这些，都让成杰懂得，一个人，尽管早年所处环境不利甚至极其艰苦，但矢志不渝地奋斗，他们也会获得用财富难以换取的成就与荣誉。这些成就与荣誉，恒久而坚实。

所有这些，都让成杰明白，哪怕最穷苦、最卑微的人，也会有机会出类拔萃，成为人中豪杰；在走向成功的道路上，只要足够坚韧，足够奋发，任何困扰都可以战胜。

成杰睿语

无志者，无以生智慧。心乃众智之要，人因梦想而伟大，人因学习而改变，人因行动而卓越。志不立，无以成天下之事！

—— 操练成功的“秘密” ——

细心的成杰在阅读并梳理这些伟人的成功之路时，发现了一个“秘密”！当成杰感觉自己真正参透了这个秘密时，他欣喜若狂！

这个成功的秘密就是——这些成功人士几乎都拥有一个共同的特点：他们都非常擅长公众演说！

当林肯在宾夕法尼亚州的葛底斯堡国家公墓发表演说，以哀悼在长达五个半月的葛底斯堡战役中阵亡的将士时，演说3分钟，听众的掌声持续了10分钟。

当孙中山最初领导革命时，要钱没钱，要枪没枪，但他就是通过一次次振奋人心的演说，让无数有志之士甘心把身家性命交付于他，与他一起共谋革命大业。

当红军或解放军用小米加步枪，去对抗国民党的美式武器、去对抗日本侵略者的飞机大炮时，毛泽东就用一次次摄人心魄的演说，鼓舞战士，鼓舞广大人民，让人们挺直腰杆，抖擞精神，对抗强敌。

当美国面临前所未有的经济危机，举国上下弥漫绝望气息时，罗斯福总统发表了重要的就职演说：“让我首先表明我的坚定信念，我们唯一不得不恐惧的就是恐惧本身——一种莫名其妙的、丧失理智的、毫无根据的，它把人转退为进所需要的种种努力化为泡影！”他充满正能量的讲话，给处于危机之中的美国国民注入了强心剂。

……

可以说，人类的每一次进步，都离不开语言开路。人类的每一次进步，都离不开英雄豪杰们的披荆斩棘，而英雄豪杰们之所以能够披荆斩棘，靠的正是语言开路。

在乌云密布的时候，公众演说犹如一线阳光足以划破漫天黑幕；在一个人绝望的时候，一句温暖人心的鼓励可能就会改变他的一生；在一个人陷入迷茫的时候，旁人的一句开悟或英雄振臂高呼的一句口号，就可以起到非同寻常的作用。

成杰为自己的这个发现，激动得夜不能寐，他暗暗地在心里发誓：我一定要学好公众演说，用公众演说来改变自己的人生！

从此，成杰每天除了读书之外，还要练习一两个小时的演说。

可是一个人练演说效果终归不太好，成杰就想，到哪里去找听众来听我演说呢？

他晚上出去跑步时，看到大街上一派熙熙攘攘、热闹繁华景象，忽然脑中灵光一闪：“这些熙来攘往的行人不就是现成的听众吗？”这个念头甫一冒出，他的额头就沁出了一层细密的小汗珠。是啊，面对这么多陌生人演说，这得多大的勇气啊！

再说，就那么无缘无故地站在那里演说，好像挺突兀也挺不自然的。怎么办呢？他忽然想到小时候暑假时在老家山上采蘑菇，然后挑着去城里售卖的事。为了尽快把蘑菇卖完又能卖个好价钱，小成杰把蘑菇往那儿一摆，就扯开嗓子吆喝起来：“哎，来来来，刚刚从山上采来的新鲜蘑菇嘞，又新鲜，又营养，一斤只要8毛钱。我是一名小学生，趁暑假卖点蘑菇攒学费，我保证，买回去尝了不好吃明天还能退钱。哎，快来看一看啊……”

还别说，成杰这样一吆喝，一会儿他身边就聚拢了一群人，两大袋蘑菇一会儿就卖光了。全村卖蘑菇的人中，每次都是他最先卖完。村里人就啧啧赞叹：“成杰小小年纪就会做生意，长大是个大材料。”

成杰想，卖蘑菇时的吆喝，其实不也是一种演说的雏形吗？他想起自己这些年读过的书，有些书读过几遍之后，就没有再保存的必要了，况且自己住的地方很逼仄，已经没有地方再放更多的书了，必须要清理掉一些书。何不把这些不要的书晚上拿到街上摆个小书摊呢？这样既可以练习演说，好歹还能赚几个零花钱呢。

说干就干，成杰当天就把一些不再看的书清理出来，用一个布袋装好。然后每天下班后就赶紧写演说稿，写好演说稿，成杰抓紧一切时间进行练习。

在这之前，成杰已读过不少关于如何学好演说的书，他深知，要想学好演说，最核心的就是：练习！无论是古今中外哪一位伟大的演说家，他们都不是天生会演说的，他们的卓越演说才能都是通过练习得来的。

古雅典最伟大的演说家、雄辩家德摩斯梯尼也不是天生的演说高手。德摩斯梯尼天生口吃，气息微弱，还有耸肩的坏习惯，在常人看来，他似乎没有一点当演说家的天赋。而在当时的雅典，一名出色的演说家必须声音洪亮、发音清晰、姿势优美、富有辩才。然而德摩斯梯尼由于发音不清、论证无力，多次被轰下讲台。但他没有气馁，为了成为卓越的演说家，德摩斯梯尼进行了异常刻苦的学习和训练。

为了克服耸肩的毛病，他在屋顶上吊了两把宝剑，剑尖正好对着肩膀，如果他一耸肩，宝剑就会刺疼他；为了改进发音，他虚心向著名演员请教发音的方法，他把小石子含在嘴里朗诵，迎着大风和波涛说话；为了去掉气短的毛病，他一边在陡峭的山路上攀登，一边不停地吟诗；为了能够排除外界干扰和诱惑，他把自己剃成阴阳头，迫使自己能安心躲起来练习演说。

经过十多年的磨炼，终于，德摩斯梯尼成了一位出色的演说家！

因上《百家讲坛》讲《论语心得》而七天红遍全国的于丹，当她被问及："你从小口才就这么好吗？"她回答说："我小时候几乎不说话。"

这些故事让成杰坚信，通过努力，通过孜孜不倦的练习，自己也是会在公众演说的舞台上绽放魅力的。

成杰睿语

只要有自己的双脚，

就有人生的道路；

只要有心中的梦想，

就能实现人生的辉煌。

初识演说的魅力

一个星期天的晚上，成杰提上一布袋书，带上一个小马扎凳，来到街上摆起了小书摊。这条街原本是条人行道，那些年摆小摊的越来越多，卖什么的都有，成杰观察了一下，卖书的还真的只有他一个。

成杰坐在小书摊前看书，走过摊前的人倒是不少，却鲜有人停下来光顾。每当他开口准备演说，可又不知怎么的，脸突然涨红起来，耳根子发热，张了几次口都没有发出声音来。

看着熙来攘往的人流，他忽然想起从前在书上看过的一个问题："在这个世界上，人最恐惧的东西是什么？"有些人说是疾病，有些人说是黑暗，而绝大多数人都会说是死亡。最后的答案令很多人大感意外——这个世界上，最令人恐惧的东西是：面对许许多多的陌生人进行演说！

面对许许多多的陌生人进行演说，这是绝大多数人极度恐惧的一件事，甚至超过了人们对死亡的恐惧。美国曾经有一项测评，结果是90%的人恐惧在许多陌生人面前发表演说，而只有75%的人坦然说害怕死亡。也就是说，在陌生人面前演说的恐惧甚至超过了对死亡的恐惧！

是的，此时此刻的成杰被一种巨大的恐惧压得喘不过气来。他口干舌燥，心跳得恨不得从喉咙里蹦出来。说还是不说，他思想斗争得厉害。他感觉自己快顶不住这股恐惧的急流了。

这时候，他脑海里忽然蹦出了这样一句话："有些事情一些人之所以不去做，是因为他们认为这绝不可能，其实，有许多的不可能只存在于人们的想象之中！"这是林肯曾经说过的一句话，成杰深深记得，还特意把这句话写在了自己的笔记本上。

而此刻正在经历思想斗争的成杰，顿感胸中一振，刚刚被巨大恐惧冲昏的头脑逐渐清醒了起来。他闭上眼睛，把这几天练习的演说在心里又默默练了一遍，然后深吸一口气，从小马扎凳上站起来，勇敢地望着来来往往的人群，开始了他的演说：

女士先生们、大哥大姐们、大爷大妈们，大家晚上好！我叫成杰，是电器厂的一名空调搬运工。我的老家在大凉山深处的一个小山村里，我走出大山想要改变自己的命运。现在是下班时间，其他的工友们大多在打扑克、在玩，但是我比较喜欢看书，这些书都是我看过了的，觉得特别好，就拿出来想要和大家分享知识，我觉得好的知识和智慧就要和大家一起分享。同时，还有很重要的一点是我想趁此机会学习和练习演说。我平时很喜欢演说，可是找不到听众，大家愿意做我的听众吗？……

原本成杰纠结要不要说出自己搬运工的身份，后来他想还是说出来比较好，这样会给听众一个强烈的对比——一个搬运工还这样爱看书、爱演说，勤奋好学的青年总是会受到人们青睐的，只要听众从心理上接受了自己，演说也一定会变得顺利很多。

果不其然，人们的目光纷纷被成杰吸引了过来，更被他好学刻苦的精神打动了。摆小书摊的会演说，而且演说得还挺好，这倒是一件稀罕事儿。成杰一看人们对他的演说感兴趣，顿时来劲了，他继续演说：

联合国教科文组织的一项调查显示：全世界每年阅读书籍排名第一的是犹太人，一年平均每人读64本。而中国13亿人口，扣除教科书，平均每人一年1本书都读不到！一年读不到1本书！一个13亿人口的泱泱大国，竟然成为世界上年阅读量几乎垫底的国家！实在是令人吃惊并汗颜！

人生有三样东西别人拿不走：一是吃进肚里的食物，二是藏在心里的梦想，三是读进大脑的书。

世界上人均读书最多的犹太人有个习俗，就是婴儿出生时，母亲就会在《圣经》上滴上一滴蜂蜜，然后给婴儿舔尝《圣经》上的这滴蜂蜜，意在告诉孩子：书是甜的，以后一定要爱读书！孩子长大一些，要进行启蒙教育了，母亲会问孩子一个问题：如果有一天，我们家着火了，逃命的时候你将带着什么？如果孩子说是钱、珠宝、钻石之类的东西，母亲会纠正他，并告诉孩子要带的是书，也就是智慧。母亲会说，你要永远携带在身上的不是钱，不是钻石，而是智慧，因为智慧是任何人都抢不走的，只要你活着，智慧会永远跟着你。

犹太人对书，也就是对智慧的重视甚至可以用“虔诚”来形容。在犹太人的生活里，唯有读书不受任何宗教戒律的限制。这一点，从犹太人“安息日”只允许读书可见一斑。

犹太历每周的第七日为安息日，犹太人谨守安息日为圣日，不许工作，不许娱乐。这一天，犹太人开的一切商店、饭店、娱乐场所都一律停业，交通中断，每个人都必须在家中“安息”和祈祷，不能走亲访友，更不能外出游玩。但唯有一件事是例外，那就是可以读书，并且唯有书店是正常营业的。所以，每当安息日，书店里满是静悄悄读书和买书的人。那样的书香氛围，令人动容。

截至2008年，共有164位犹太人获得诺贝尔奖！

说犹太人多灾多难，相信没有人会反对，多少年来，万千犹太人被迫害驱逐，二战中更是遭到纳粹的血洗甚至种族几近灭绝！5000年的民族史，就有2000多年流离失所。在流浪天涯时，他们没有权力、没有地位、没有庇护，他们就是凭着自己的智慧和双手，开创出一片伟大的天地。

可是，就是在这样的灾难面前，犹太人却涌现出了那么多如雷贯耳的人物：耶稣、爱因斯坦、马克思、弗洛伊德、毕加索、高尔基、洛克菲勒、海涅……究其原因，读书，功不可没！

温家宝总理有一次在与年轻人交流时，鼓励大家多读书。他说：书，本身可能改变不了世界，但是读书却可以改变人生，而人，却可以改变世界。所以，从某种意义来说，读书就可以改变世界……

“好！好！”有人带头鼓起了掌，接着更多的掌声响起来。“这小伙子讲得真不错，有思想，有深度，有水平！”甚至有人拍拍成杰的肩膀说：“小伙子，不错嘛，看不出来你年纪轻轻的，竟然满腹经纶啊！”有人说：“这小伙子讲得这么好，他的书应该也错不了，大家都来挑几本吧！”

许多人蹲下来选书、挑书，很快，成杰的38本书就卖掉了19本。这些书都是成杰看过的，最早也是他去郊区一个图书批发市场淘来的，现在却以原价的5折甚至更高折扣卖了出去，一晚上就赚了100多块钱。要知道，他辛辛苦苦当一个月搬运工工资才360元呢。

那一夜成杰兴奋得没怎么睡着觉，他第一次体会到演说的巨大魅力。他决定要去批发更多的书，要做一个“富人”。

成杰睿语

今日，

我们所有的学习、成长、精进和蜕变，

都是为了明日“艳遇”更好的自己。

生存的困惑与迷茫

然而，喜悦是短暂的，年轻的成杰并没有深刻体会到生存的不易。上帝并没有格外体恤这个贫穷、卑微却奋争的孩子，他刚刚萌芽出来的梦想就被摧折得零落成泥。

接下来发生的一切，都让他对人生和世界又产生了深深的困惑。首先面临的生存困惑就是与城管的冲突。

星期一成杰在工厂加班到半夜，他没有去摆摊。星期二，他拿了三四十本书去摆摊。有了第一次的经验，这一次他演说起来从容多了。有许多人围上来在他的书摊上挑选喜欢的书。

他正演说得兴致高昂，根本没有察觉到自己四周的小摊贩已经跑了大半。可能是演说得太投入，他压根儿没有听到有人提醒他："猫来了，快跑啊！"直到他摆在地上的书被几个"大盖帽"扔进袋子里没收时，他才如梦方醒。

可是已经晚了，"大盖帽"严厉地说："乱摆摊影响市容，违法，你的这些东西依法没收！"从来没见过这阵势的成杰顿时傻了一样站在那里，直到"大盖帽"开的车子消失在他的视野中，他才想起来去追，可是哪里追得上呢？今天晚上还一本书都没卖出去呢，这些书都是上周末他跑了很远的路去批发市场淘来的，这下亏大了。成杰沮丧地蹲下身子，难过地垂着头。

后来，他学到经验了，弄来一个四角拴绳子的大帆布，摆摊时将书平铺在帆布上，一旦“大盖帽”来了，他立刻拎起帆布的四个角，飞也似的躲起来。慢慢地，他也变得眼观六路耳听八方了，就算在全情演说，只要听到有人喊：“猫来了！”他也能立刻停止演说，向围观者说声抱歉，背起帆布袋就跑。

其实这些在马路边的小摊儿，基本都是一些迫于生计的人自发形成的。成杰旁边不远处是一个卖衣服的女孩子，那女孩的腿脚有点不灵便。每天摆摊的时候，女孩就在马路旁的两棵大树之间系上一根绳子，然后把衣服一件件挂上去；一旦发现执法人员来了，女孩就迅速把绳子上的衣服摘下来装进袋子里就跑。可是她腿脚不太灵便，常常跑不快，每当这时，成杰都会接过女孩的衣服包迅速躲起来，女孩也对成杰一直很感激。

执法人员平时都是开着他们的城管车，或者一帮人径直走过来，所以大家发现得早。可是有一天傍晚，那些执法人员玩了个“心眼”，他们开着一辆没有任何执法标志的小面包车，然后突然从面包车上冲下来。所有的摊主都措手不及，大惊失色，但大家还是眼疾手快地抓起东西没命地跑。

成杰也背着书跑，这一次因为太急没能顾得上那个女孩。成杰躲在角落里，一直等到执法人员离开才敢出来。成杰跑出去找女孩，女孩正坐在冰冷的马路牙子上哭泣，她的所有衣服都被执法人员没收了。

正在这时天空阴云密布，顷刻间下起了大雨，成杰拉起女孩找地方躲雨，女孩悲戚的脸上分不清是雨水还是泪水。那一刻，成杰的心被刺痛了，他强烈地感受到贫穷带给人们的巨大压力和屈辱，感觉到贫穷就仿佛一个巨大的罩子，把那些贫者罩在其中，然后随着时间的推移，罩子中的氧气越来越少，人们就有一种涸辙之鲋的窒息感，甚至濒死感。

成杰也有这种窒息的感觉。不，不是现在才有，成杰从小就有这种感觉，从他记事起，他就被罩进了“贫穷”这个罩子里，在父母忧郁的目光和连声的叹息中，时刻都能体会这种透不过气来的窒息感。

他想摆脱这种窒息的感觉，可是谈何容易！现实往往是那样令人无奈。

每天晚上被城管追着跑，一旦被抓住，罚钱还要没收东西。对于成杰来说还稍微好一些，毕竟他卖书是打工之外的一份小营生，可是对于有些摆摊儿的人来说，这就是一家老小吃饭的家当。吃饭的家当被没收了，一家老小就要饿肚子，这可不是闹着玩的，所以偶尔也会看到有暴力抗法的现象。

成杰就亲眼看到过这种现象。有一天晚上，城管把一个西瓜摊儿没收了，其实也没什么东西，就一辆小黄鱼车，一杆秤，几十个西瓜，小摊主的妻子呼天抢地说什么也不让城管把东西拿走，一把鼻涕一把泪地哀求。但执法人员也没办法，执法必严违法必究嘛，否则的话还怎么服众？在推推搡搡的过程中，在旁边一直一言不发的摊主，突然暴怒了，握着一把西瓜刀就要找执法人员拼命，幸亏执法人员躲得快，否则后果不堪设想。

成杰每次卷起书摊儿落荒而逃时，那种强烈的落魄感、受挫感和耻辱感都把他的自尊击打得七零八落。他不禁想起那首《卖炭翁》：“卖炭翁，伐薪烧炭南山中。满面尘灰烟火色，两鬓苍苍十指黑。卖炭得钱何所营？身上衣裳口中食。可怜身上衣正单，心忧炭贱愿天寒。”

这种难堪处境，与满肚子的成功理念形成强烈的对比，成杰的一颗心被这强烈的落差感撕扯着、拉锯着、分裂着，令他异常痛苦，异常沮丧。

成杰睿语

老天是公平的，
它一边给你苦难，
一边让你快乐，
生活的苦与乐总在更迭，
没有谁的命运是完美的。

—— 思想是原因，环境是结果 ——

成杰的另一个困惑来自工厂。

工厂正常下班时间是晚上6点，但准点下班的时候很少，往往任务一压下来，干到凌晨一两点也是有的。然而，即便干到凌晨一两点钟，也不会有一分钱加班工资。

工人们就这样日复一日月复一月地繁重劳作着，有时候有些工人加班累了，发几句牢骚，主管就冷冰冰地扔过来一句：“不想干就趁早滚，外面还有排着队想进来干的！”工人们只好忍气吞声。

这就是所谓的弱势群体吗？这就是所谓的“工”字不出头吗？在这样的工厂里，像他们这样想突破“工”字，把不出头的“工”字变成出头的干部的“干”字，太难了，不熬个十年八年都不会有戏。

有一次厂里有个部长中午喝醉了，吐了几句酒后真言，这几句话像一记闷雷把成杰震醒了。那天，部长大着舌头说：“工……工友们，你们听过‘工字不出头’这句话吧，你们知道这句话是什么意思吗？”

见大家都摇头，部长又大着舌头说：“这意思就是说，当个工人是没有出息的，基本没有出头之日的。你们看我好像当个部长，平时很威风是不是？其实你们知道吗？我今年快40岁了，我不到19岁就进了工厂，苦扒苦熬地熬了快20年才熬上这么个小部长，其实，就算熬上了，也还是个工字，为什么？我还是没有自由、没有钱、没有成就、没有快乐……”

部长打了个酒嗝，成杰老远就闻到一股酒馊味，他皱了皱眉头，但没有离开。

“一年365天，天天就这么囚在这么个屁大点的地方，20年了，这跟坐牢有什么两样？再坐十几年牢就60岁了，就老了，就会被工厂一脚踢出去了！”

部长最后一句话深深地触动了成杰，他就看见过好几个五六十岁的工人被辞退了。这些人把半辈子甚至大半辈子的光阴都献给了工厂，年纪大了，做不动了，就被工厂无情地扫地出门，没有养老金，更没有退休金。

工厂里绝大部分都是像成杰这样的临时工，工厂为了节省成本，更是乐意招聘临时工，一来成本低得多，二来临时工干活更卖力。

那天晚上，成杰又加班到凌晨才回到小屋，他躺在床上，辗转反侧怎么也睡不着，就这样一直折腾到天欲破晓还毫无睡意。部长的话一次次回响在他耳边，但他却苦思不得要领，他感觉自己的前方是一片混沌，不知该如何往前走。

仿佛冥冥中有什么东西在指引着成杰，没过几天，成杰在读一本书时忽然读到一个故事，像是在漆黑的暗夜里划过的一道闪电，照亮了一点前方的路。

那是一个关于秦朝丞相李斯的故事。

在秦国，秦始皇身边有一个著名的丞相名叫李斯，李斯在做秦国丞相之前，虽然自幼聪明，读过很多书，但终因家境贫寒，只是在楚国一个名叫上蔡的地方做看守粮仓的小文书。这是一个吃不饱但也饿不死的职位，要想飞黄腾达根本不可能。李斯常常在上班时间悄悄溜出去，到野外追兔打猎，但一直郁郁不得志的李斯，却不知如何突围。

有一天，李斯在上班时，忽然内急，他捂着肚子弯腰直奔吏舍厕所而去，他的大黄狗也紧跟在他身后。来到厕所，只见几只瘦小的老鼠正在不无哀怨地吃着肮脏的粪，见有人和狗来，吓得仓皇逃窜。李斯忍不住替厕所中那几只惊恐的瘦老鼠悲叹，它们不过是为了填饱肚皮，这点小需求都显得那么艰难，运气不好的，还会掉到粪池里淹死丧命。他又想到平常在粮仓看见的老鼠，个个又肥又壮，吃的都是上好的米麦，住的是又大又温暖的仓库，人来了也不怕，随便往粮仓里哪个洞一钻，就不会有性命之忧。同样是老鼠，难道厕所里的老鼠比较愚笨、比较胆小，仓库里的老鼠比较勇敢、比较机灵吗？不是！它们的根本区别只是在于，环境或平台迥异而已。

见鼠生情，百感交集的李斯灵光一闪，悟出了他在中国历史舞台上的第一句台词："人之贤不肖譬如鼠矣，在所自处耳。"什么意思呢？就是说，一个人有无出息就像这老鼠一样，在于能不能给自己找到一个优越的、适合自己的环境或平台。

得出这个结论之后，李斯审视了一下自己的处境。他想，我是粮仓中的老鼠，还是厕所里的老鼠呢？天下何处是我的粮仓呢？经过分析研判，李斯发现他所处的楚国，领导者不成才，不足以谋大事，放眼其他五国，韩、赵、魏、齐、燕都积弱不振，难成大业，唯有秦国值得投效。

于是，李斯入秦并通过层层关系一路往上爬，先屈身吕不韦门下，再求得了接近秦王的机会，最后凭自己的才能得到了秦王的赏识和信赖，最终成为了秦国的丞相。

李斯的思想给了成杰不小的感触。书上还说，如果一个人在一个环境里待了三个月以上都没有什么改变的话，以后的结果就很清楚很明白了，没有太大的前途，这时你就要考虑该换换环境了。在一个一成不变的环境里，你的机遇和机会是很少的，应该出去多接触一些更好的环境，到处多跑跑，机会就会增加，也许你人生的机遇就接着出现了。

一个人有没有出息，决定于自己所处的环境或平台。环境或平台不同，生活品质就不同，要想成功，要想做大事，一定要待对地方、选对环境、站对平台……

成杰把书合上，把头深深埋在膝盖间，思索着。当他再次抬起头来时，他的眼前仿佛看到一线曙光："我要改变自己，我要改变环境，我要改变人际圈，我要改变我的人生平台，我要离开这个'工字不出头'的工厂！"

可是想改变环境、离开工厂谈何容易！离开工厂以后去干什么呢？成杰没有头绪。

周末，成杰又跑到那个远在郊外的图书批发市场去了。在批发图书过程中与一家书店的老板聊天，成杰随口说出了自己的困惑，没想到老板说："你可以开书店啊，你摆摊卖书卖了这么久，对这一行也比较熟悉了，操作起来也容易上手，再说你老摆个小书摊也不踏实，城管老抓，开个正儿八经的书店就踏实多了，而且书店给人的感觉很正规，人家一般都愿意去书店买书。”

书店老板大概四十来岁，挺憨厚实在的一个人，他又说：“建议你开书店其实还有个很重要的原因，一般情况下爱看书的人、爱去书店买书的人素质都比较高。在这过程中，说不定就能结交到非常有层次的朋友，成功在于你与谁同行，和什么样的朋友在一起，你就会变成什么样的人，你身边的朋友决定了你的人生。”

成杰觉得这位老板说得很有道理，就索性坐下来聆听。

你要想有学问，就要跟有学问的人多做朋友，你要想有钱，就要多跟有钱的人交朋友。所以，你要努力提升自己的朋友圈，多和比自己强大、能帮助自己的人相处，提升自身能量。当你经常与成功人士打交道的时候，你的观念也将慢慢随之改变，你的知识也随之增加，你的机会也随之增多，你成功的机会就比一般人多出许多。

有一个数据，据说每个人都有250位朋友，但其中80%对你毫无帮助，他们分别会出现在两种场合：一种是你的婚礼，还有一个可能是葬礼。但他们通常不会给你正面、积极的影响，不会对你的人生有大的帮助。只有20%的朋友，是属于比较积极的，会给你带来正面影响，而这些朋友中的5%则可能会帮助到你，甚至可能改变你的一生。

你与其在工厂里受人管给人打一辈子工，还不如自己当老板呢，又自由，又有面子，还可能认识不一般的朋友，而且赚钱呢，那是肯定比工厂多的。

这是成杰长这么大，听过的最醍醐灌顶的一番话。他当即下定决心：我要开一间书店！

他便问老板开一间书店大概需要多少钱，老板说要看门面地段如何以及面积大小，如果在绵阳高新区那一块开个三四十平方米大小的书店，大概需要一两万的投资。

一两万？！

这对于当时每个月工资只有300来元的成杰来说，等同于天文数字！

但怎么办，就这样放弃吗？不，成杰不甘心。

成杰睿语

人们往往会高估自己一年可以做到的事情，却往往低估自己十年可以完成的梦想。

第二辑　敲开教育培训业的一道门

—— 每次尝试，都是成长与收获 ——

当时除了开书店之外，成杰找不到更好的改变环境和改变自身的方法。可是，算上自己所有的积蓄，还差6000元，这么大一笔钱上哪儿找去？

还有不到一个月就要过春节了，工厂里弥漫着一股焦躁和思乡的情绪。那天晚上成杰加班到很晚，回到住处再出去摆书摊太晚了，他就把前几天在批发市场批来的书进行了整理。在书堆里，他看到一本书名叫《史泰龙》，才想起来这本书是那个批发店的老板送给他的。老板对他说："这本书挺好，你看看吧。"

成杰拿起这本书，把脚伸在被子里，开始读起来。读着读着，他的背脊不知不觉挺直了起来。成杰从内心里感谢那个小老板，因为是他让成杰知道了史泰龙，史泰龙的精神影响了成杰，让他看到了迷茫前路的些许微光。

史泰龙生于美国一个非常贫穷而糟糕的家庭，因为太贫穷，母亲都没有钱进普通医院生他，而是在一家慈善医院生下了他。史泰龙出生的时候，被医生用产钳不小心伤害了面部神经，从而导致左脸颊部分肌肉失去知觉而面瘫，他的左眼睑与左边嘴唇下垂，语言能力受到了极大影响，发出的语音也模糊不清。

父亲是一个不负责任的赌徒，脾气暴戾，常常把史泰龙的母亲打得遍体鳞伤。面对家徒四壁和没有希望的生活，史泰龙的母亲借酒浇愁，烂醉后拿孩子出气。

史泰龙7岁那年，父母离婚了。从此以后，史泰龙在学校成了问题孩子，打架、逃学，接着干脆不上学了，混迹街头。

后来，史泰龙母亲改嫁到费城，把史泰龙也带到费城与继父生活在一起。15岁那年，史泰龙遇到一件令他深受刺激的事：和继父及母亲参加一个朋友家的聚餐会，他被一个大个子给揍了！没有任何原因，他就是被别人随意地给揍了！

史泰龙从聚餐会上逃了出来，孤独地走在回家的路上。他越想越难过，越想越气愤，自己就这么平白无故地被人打了一顿，为什么？为什么？他凭什么这样无缘无故地欺负我？他终究还是咽不下这口恶气，捏紧拳头猛地转身，心想，我一定要跟他斗一次，一定要争一口气，就算被他打死也认了！他迅速跑回去，冲着那个彪悍的大个子瞬间扑了上去！史泰龙拼尽全身力气，把满腔的怒火与屈辱都集中在拳头的力量上，竟然把那个大个子打得节节败退。虽然到最后史泰龙自己也受了伤挂了彩，但他心里畅快无比，他觉得靠自己的力量为自己赢得了最宝贵的东西，那就是：尊严！

从此在费城，再也没有人敢欺负史泰龙。

这件事之后，史泰龙的心态发生了很大的变化，他意识到不能再像自己的父亲当初一样浪费生命，他要成为一个成功的人，一个受人尊敬的人！可是他这样一个要钱没钱，要地位没地位，几乎一无所有的穷小子怎么样才能成功呢？经商？没有资金；从政？更是不可能。

他想来想去，觉得还是当演员有点可能性。因为在当时当演员不需要文凭，也不需要本钱，而一旦成功，却可以一夜之间乌鸦变凤凰。但史泰龙自己心里很清楚，自己没有接受过任何专业表演训练，又没有表演经验，长相又天生有缺憾。这样的条件，想当演员，尤其是还想成名，谈何容易？

但史泰龙认准了五个字“一定要成功”，便独自一人去闯好莱坞，想方设法找导演、找制片，还找那些已经成名的明星，希望他们能够拉他一把，给他一个机会成为一名演员。一次又一次的拒绝，令他见识到了很多的傲慢与冰冷。

两年过去了，他仍一无所获，生活难以为继。他也痛苦得想放弃，但是又告诉自己，不能就这样放弃，这样放弃也就等于放弃了整个人生。思来想去，史泰龙觉得既然直接找人给机会不行，那就用一种迂回的办法吧，先写剧本，等剧本被导演看中后，再请求导演让他来演。

史泰龙被一次拳击赛给深深震撼，那是一种灵感来袭的战栗感觉，他迫不及待地拿起纸笔当天夜里就开始写剧本。只用了三天，他就创作了一个剧本：《洛奇》。剧本写出来之后，史泰龙就把剧本四处自荐给各个导演看，但导演们也都是无情地拒绝了他。这要是换了其他人，可能早就放弃了，退却了，可是史泰龙一遍遍对自己说：“再坚持一次，也许下一次就行……”

终于，一位已经拒绝了他20多次的导演对他说：“你的精神令我很感动，我不知道你能不能演好，但我愿意给你一次机会，我会把你的剧本分成多集，先拍第一集试试，你当男主角，看看市场反应及效果再说，如果市场反应不好，那以后就断绝念头吧。”

此时的史泰龙已经等待了足足三年，导演的话让他欣喜若狂。他就像一支早已蓄势待发的箭，一旦离弦，必将势不可挡——《洛奇》第一集就创下全美当时最高收视纪录!

史泰龙成功了!

他后来的健身教练兼医生这样说：“史泰龙每做一件事都会百分百投入，他的意志、恒心与持久力都令人惊叹。他是一个行动家，他从来不呆坐着让事情发生，而是主动地令事情发生。”

史泰龙在多年之后告诉人们：

第一，我们要相信，世界上无事不可为，不要用过去的失败、挫折和打击，来判断我们的未来。要相信你自己，下定决心去突破，就是一次新生命的诞生，要愿意去尝试，每一次尝试，其实不论是失败或是成功，对你来说，都是一次成长和收获，是一次宝贵的财富和价值。问题是，我们绝大多数人都害怕去尝试，害怕去突破。

第二，成功来自做万能的准备。是的，准备！准备！准备！很多人说，哦，史泰龙是拍了一部电影所以他成功了，他运气好，是导演给了他一次机会嘛，所以他上了镜头，所以他成功了。但是很多人忽略了一点，那就是如果导演让你去演洛奇，你能保证你演的洛奇能够成为收视第一吗？机遇，就是机会加准备。

我在寻找机会的三年之间，把世界上所有的顶尖男明星全部都模拟过，我每天一旦有时间，就锻炼身体，训练背台词。在被无数次拒绝的过程中我已经做了无数次的准备，所以当机会真正来临时，我就能够牢牢地抓住它，让人生天翻地覆。

成杰那一晚几乎没睡觉就把《史泰龙》看完了。凌晨三点，他在笔记本上端端正正地把史泰龙说的那番话摘抄了下来。然后在这段话旁边加上一句：我是一个行动家，我从来不呆坐着让事情发生，而是主动地令事情发生！

他当即决定，为了筹这开书店的6000元钱，他分三个步骤走：一是春节留在工厂值班，春节值班费比平时多，可以多挣点值班费；二是春节后回老家看望父母，看看能不能凑一些；三是向朋友同事借一些，赚了钱就还他们。

成杰睿语

世界上唯一可以不劳而获的就是贫穷，

世界上唯一可以无中生有的就是梦想。

—— 沾满父母血汗的6000元 ——

成杰一个人在工厂里过了一个孤独又冷寂的春节。

正月初十之后，回老家过春节的工友们陆陆续续回来了，成杰却踏上了返回西昌老家的路。因为家里没有电话，成杰临行之前便没有通知父母。

一路跋涉，风尘仆仆赶到家，母亲乍见自己的杰儿回来了，高兴得不知道做什么好。母亲拉着杰儿的手把他上上下下打量了一番，说："杰儿，你怎么又瘦了，是不是工厂的伙食不好？"一会儿又说："妈给你做好吃的去，过年还杀了鸡呢，下鸡汤面给你吃。"进了厨房，几分钟又跑出来，说："杰儿，看妈糊涂的，也不泡杯茶给我杰儿喝，这老远回到家来口渴坏了吧，妈这就泡。"

成杰看着跑进跑出、词不达意的母亲，看着母亲跑动时头顶飘动的几丝凌乱的银丝，他的心里泛起许多酸涩来。这时他想起那首曾非常喜欢的诗——清朝诗人蒋士铨的《岁暮到家》。

爱子心无尽，归家喜及辰。

寒衣针线密，家信墨痕新。

见面怜清瘦，呼儿问苦辛。

低徊愧人子，不敢叹风尘。

那是1746年，在外奔波了一年的诗人蒋士铨正起程回老家去过年，他想他的老母亲了，不知母亲是否一切都好。一路风雨兼程，数天后在一个薄暮四合的冬日黄昏，蒋士铨终于一身风尘地回到了家。他的老母亲蓦地见到了日思夜想的儿子，高兴得一晚上都睡不着觉，翻来覆去间，不知不觉天就亮了。

天亮后，母亲把刚做好的寒衣和刚写好的家书拿出来给蒋士铨看，蒋士铨摩挲着寒衣上那密密麻麻的针线，看着家书上崭新的墨痕，心情难以平静。母亲一句“在外是不是过得很辛苦”，让蒋士铨内心感到无限的委屈与辛酸，真是一言难尽；想想自己这么些年漂泊在外，根本没有尽到作为人子的孝心与责任，更是愧疚难当。为了不让母亲心疼自己的奔波之苦，他努力挤出灿烂的笑容，朗声道：“娘，儿子在外好着呢，我今年还长胖了好几斤呢！”他还拍了拍自己的肚子，虚张声势地叫：“娘，你看这肚子，去年的衣裳都紧了呢！我在外头吃得好，穿得好，住得好，一切都好着呢！放心啊娘！”

这个谎撒完，他把母亲瘦削的肩膀揽进怀里，百感交集……

而300多年后的今天，这场景是何其相似啊：成杰的母亲把一碗热气腾腾的鸡汤面端到成杰面前，说“杰儿又瘦了，多吃点，锅里还有许多”，成杰也虚张声势地拍拍自己的肚子说“哪里瘦了啊，我这半年都胖了好几斤呢”。

儿子突然回来，与母亲激动得手忙脚乱相比，父亲显得有点沉默，只对成杰说："在外面好好做事，该花的钱要花，不要亏着身体。"成杰太了解父亲了，父亲是个喜怒哀乐都不善于表现在脸上的男人，但成杰知道，父亲是深爱着他的。

现在，除了家里农活之外，父亲还在村里做着土匠，每天起早贪黑地干着。母亲背地里告诉成杰："你爹就想多攒点钱盖新房子，你爹说你也二十出头了，该备的要备下了，跟你一起上学的同班同学，都娶了媳妇生了娃了，你爹说不盖新房万一耽误了你的终身大事，他会心里有愧的。"

在母亲那一代，女孩子没有那么多讲究，只要相中了男孩子，就算男孩家境非常贫寒都会义无反顾地嫁过来。但到了成杰这一代，女孩们变得精明和挑剔起来，看上了男孩子不算，还要男孩家里有新房，没有新房这门亲事基本就泡汤。

可是盖个新房并非一件容易的事，在大凉山山村这可是一个农民一辈子天大的事，尤其是对于成杰这样的家庭来说，母亲瘦弱，父亲也有严重的肺病，姐姐出嫁之后勉力支撑着自己的一份日子，难以支援娘家。

在这样的情况之下，成杰几次想要提出自己开书店的想法，却都把话咽了下去，他实在不忍心看到父母双亲犯愁的样子。自己都已经21岁了，不说为父母分忧，还老是给父母添愁，他很愧疚。

吃过晚饭后，父亲坐到火盆边，招呼成杰也坐下聊聊天。堂屋里15瓦的小灯泡发着昏黄的光，火盆中的炭火映红了父亲爬满皱褶的脸。父亲其实年龄并不大，勉强才挂上50岁的边儿，成杰在绵阳见过城里不少这个年纪的男人，微微腆着个啤酒肚子，意气风发，白头发都难见几根，更不要说满脸皱纹。可父亲的额上，早已皱纹纵横了。这都是给生活和疾病折磨的啊！

父子俩坐在火盆边，沉默着。父亲望着清瘦又有点疲惫的儿子，良久，才忽然开口说：“杰儿，这次回来是有什么难肠事儿吧？有难肠事儿就说出来，别在肚里藏着，说出来兴许家里人还能帮上点忙。”

一瞬间，成杰更是难以启齿，但他实在太想开一家自己的书店了。这时史泰龙那句话又浮现在脑海：我们要相信，世界上无事不可为，要愿意去尝试，每一次尝试，其实不单是失败或是成功，对你来说都是一次成长和收获，是一笔宝贵的财富和价值，问题是绝大多数人都害怕去尝试、害怕去突破。

成杰觉得在至亲的人面前没什么可隐瞒和不好意思的，再说如果父亲资助了，等自己赚钱之后一定立马归还父亲，绝不食言。于是，他就把自己想开一家书店的想法跟父亲说：“晚上摆书摊虽然也可以卖一点书，但城管动不动就来抓，一旦被抓到不仅损失了许多收入，连书也被没收，风险太大了，也没有保障。开个正规的书店，起码不用怕城管了，而且来买书的人层次也不一样，可以交到有用的朋友。好好干，说不定以后还能开分店，规模再扩大，可以开个书城，我就是总经理……”成杰沉浸在自己对未来的美好遐想之中。

“开书店要多少钱？”父亲一句话把成杰拉回现实之中。他不敢看父亲的眼睛，低下头轻声说：“最少还需要6000块钱。”

父亲说：“一定要开书店吗？工厂不能做吗？”

成杰说：“工字不出头，工厂里没有出头之日，再说我想换一个好些的环境，站上更高一些的平台，对我的人生发展有好处。”

父亲听罢儿子的话，没再作声，他沉默地低下了头。四周变得很静，只听见火盆中燃烧的炭火发出的轻微哔啵声。每当他提出什么要求而父亲又无法满足时，父亲都会沉默着低下头。

成杰记得在他读小学时，有一年学校组建了一个运动队准备参加乡里的体育比赛，运动队的每人要配一套运动服，一套运动服大概要25元钱。

那是五月麦熟的季节，成杰放学后直奔麦田，当时父亲正戴着口罩弯着腰吃力地挥舞着镰刀割麦子。父亲一直有肺气肿的毛病，干活重一点就呼哧呼哧直喘，而且肺气肿特别怕烟雾、粉尘之类对肺部有刺激的有害物，所以父亲干活时都习惯戴着一个大破口罩。父母的健康状况都不太好，庄稼收入也比不上别人家，家庭经济一直很拮据。从小成杰就知道家里的情况，能省则省，但这次是真的省不过去了。

成杰气喘吁吁地跑进麦田，学着父亲的样子也拿起镰刀割起麦子来。看着闷声不响的儿子，知儿莫若父，父亲问他：“是不是有什么事？”成杰委屈地说：“学校运动队要统一买运动服，25块钱，其他队员都交钱买了，就我还没有交钱。”父亲叹了口气，放下镰刀，坐到田埂上，摸了摸成杰的头，说：“唉，都是爹没用啊，爹要是有一台印钞机就好了……”

多年过去，父亲那种无奈而又愧疚的表情一直深深地烙在成杰的脑海里。所以10多年后的今天，当成杰再一次看到父亲这样的表情时，他的心里五味杂陈。

沉默良久之后，父亲终于开口了："家里这几年我和你娘省吃俭用存了4000块钱，本来打算攒着盖新房给你娶亲用的……要不你先拿去用吧，不够的话再去问亲戚借借看。"

五天后，成杰拿着家中仅有的4000块钱加上父亲去亲戚家东拼西凑借来的2000块钱，总共6000块钱踏上了返回绵阳的路。母亲连夜在成杰的内裤上缝了一个小荷包，把钱装进小荷包里，再把小荷包缝死。即便这样，母亲还是不放心，她千叮咛万叮嘱儿子，路上小心扒手。

父亲送成杰出村去乘开往县城的汽车。成杰要在镇上乘汽车到西昌城里，再从西昌坐火车到绵阳。母亲从头一晚就开始流眼泪了，成杰走的时候，父亲轻声对她说："你别送杰儿了，到时候忍不住哭影响娃儿心情。娃在外可不容易。"

成杰和父亲在村口等了很久，终于等来一辆开往县城的大巴车。成杰上了大巴车，朝后望，父亲有些佝偻的身影还站在原地朝已经开动的车子挥着手。成杰的心一阵酸楚，泪水一下子迷蒙住了视线。他下意识地用手碰了碰内裤上鼓囊囊的荷包，心里想：这次一定要好好干，不能再一次把父母的血汗钱打水漂了。

为什么成杰会说"再一次"？

因为在成杰读初三的那年暑假，为了一个"致富项目"而损失了5000块钱。5000块啊，在那个时候是一笔怎样巨大的数字啊！成杰直到今天都不愿意回想也不敢面对那次沉重的成长之痛。

那年暑假，刚考完中考的少年成杰一心想要"通过自己的力量赚钱，改变家庭命运"。一次偶然机会，他在收音机里听到一个广告：一个名叫“洁中洁”的洗衣粉，正在全国招代理加盟商，只要去指定的地方学习洗衣粉加工技术，买一台机器回来，就可以源源不断地生产出洗衣粉。当时天真的成杰认为：洗衣粉谁家不需要用呢？如果有了一台洗衣粉制造机，那就可以制造出无穷无尽的洗衣粉了，财源不也就滚滚而来吗？

成杰赶紧跑去田里找到父亲，上气不接下气地向父亲讲述了他的“赚钱妙法”。没想到父亲却给他兜头一瓢凉水：“别瞎折腾了，学了就能做吗？就算做出洗衣粉来，咋卖？万一卖不出去呢？咋办？”

“这些都不是问题，怎么做，怎么卖，培训时都会教的！”成杰竭尽全力想说服父亲。但父亲没有答应他：“这事儿我不同意！”但成杰是个犟小子，他偷偷跑到外公和小姑那里软磨硬泡借到了5000块钱，一个人跑成都去了。

成杰在成都火车站附近的培训班交了学费，学习了三天，买了一堆洗衣粉生产设备回家。怀着对未来美好的憧憬，成杰晚上挑灯夜战配制洗衣粉，白天拿出去在村子里、到乡里集市上叫卖，却没想到碰了一鼻子灰。

人们对成杰自配的洗衣粉根本没有信心，再说买商店里大牌子洗衣粉也比成杰的贵不了多少，但人家牌子大，质量可靠，用着放心。成杰又想办法把洗衣粉放在人家商店里代销，可是销售的情况很差，几乎无人问津，到最后那些洗衣粉又回到了成杰手中。

“失败”这个恶魔长着獠牙，把成杰借来的5000块钱，一口吞了下去，连个骨头渣子都没剩下来。那一次打击是巨大的，5000块钱，虽然是外公和小姑借的，但那也是他们的血汗钱，要还的。

母亲知道这事后当时就又急又气，生了一场病；父亲为这事拿起棍子要追打成杰，被母亲拦住了。母亲说：“祸已经闯下了，你就是把他打死，钱也回不来啊！”其实成杰心里知道，父亲是舍不得打自己的。但他当时多希望父亲真的能结结实实打自己一顿啊，让身体上的痛抵消一些心上的痛吧。

这5000块钱，父母努力攒钱，再加上成杰自己在外做工，过了好几年才还完……

因此，这次开书店，成杰暗暗告诉自己：只许成功，不许失败，自己亏欠父母的已经太多了，一定要好好努力，才能报答父母，让父母亲过上舒心的日子。

成杰睿语

没有经历过一些磨砺，
就不知道，
在岁月的长河中拿什么来回味。

—— 这家书店不仅卖书，还有激情演说 ——

经过几个月的选址、装修、进货，2003年5月份，成杰的书店终于开起来了，书店取名为“成杰书社”。

书店正式开张的那天晚上，成杰买了几瓶啤酒，备了几碟小卤菜，在自己的小屋里请了几个以前在工厂里要好的朋友来庆贺这不寻常的一天。

“从今天开始，成杰书社就正式开业了，我要开始崭新的人生。来，为庆祝这一美好时刻，为了我们美好的未来，干杯！”

虽然成杰和朋友们都只是用吃饭用的小瓷碗代替酒杯，但在清脆的“叮叮”声中，在那琥珀色啤酒荡漾着的清澈微波里，成杰似乎看到了自己的未来如同朝霞一样绚烂。

成杰书社面积43平方米，位于绵阳经济技术开发区四龙商业广场的二楼。四龙商业广场是一家新建的正在装修的商场，因为还没开业，租金相对便宜些。好的商铺虽然客流比较多，但太贵，租不起。

梦想是绚烂的，但现实却往往不尽如人意。开业一个星期了，销售状况却很不理想。一方面是由于四龙商场尚未开业，客流稀少；另一方面是因为成杰书社位于二楼，商场一楼都过客寥寥，何况二楼？怎么办？就算一个月一本书都卖不出去，到月底门面租金可是一分都不能少交的。

成杰锁紧眉头想办法，他忽然想到自己以前摆小摊卖书的时候用演说来招徕客人，效果很好。成杰想，何不把书搬到一楼外面广场上，然后用演说的方式卖书？总比现在这样守株待兔的好。可是，在商场能这样做吗？商场方面允许吗？

成杰是行动派，想到的事情就会立刻去做。他跑到商场管理处，把自己的困难和想法告诉了对方，没想到对方竟然爽快地答应了——商场管理处也不傻，商场处于尚未开业阶段，成杰演说不仅不会扰乱商场营业秩序，而且还会吸引很多人的注意力。这些人都是商场未来潜在的顾客啊，这无疑是为商场做了一个免费的活广告。

成杰说干就干，他把书店里的音响设备搬到一楼外的广场上，摆上几张桌椅，再把书店里的好书挑出来摆在桌子上，椅子是给逛累了的行人坐下来看书的。成杰拿起话筒，就开始了他的“演说式卖书”：

走过路过的先生们、女士们、朋友们：我是成杰，在二楼开了一家书店，商场还没有开业，所以我把书放到广场上，大家可以随便挑随便看，每一本都是精挑细选的好书。我是一个四川大凉山的农村青年，就是因为读书而实现了人生的梦想，开起了梦寐以求的书店。俗话说，穷人因书而富，富人因书而贵。坚持学习的人学到知识，坚持练习的人学到本领，坚持修炼的人学到境界。人，因梦想而伟大，因学习而改变，因行动而卓越……

成杰内容真诚、激情四溢的演说被音响传到了很远，连在对面马路上的行人都被他声情并茂的演说吸引了过来。人们在广场上静静地听着成杰的演说，不时地翻着桌上那些书，不时地点头赞许。

晚上收摊的时候，成杰一盘点，心里一阵狂喜：今天营业额比平时增加了好几倍！他初次尝到了演说带来的成功感，暗暗下决心一定要练好演说。

此后，他每天早上6点钟起床，用小电饭煲煮上饭，饭上面蒸个蛋羹，然后做100个俯卧撑、8分钟倒立，再出去跑步半小时。晨练之后就跑到不远处的一座小山上，对着万里长空练习1小时演说。

成杰睿语

人的一生是可以通过教育而改变的，

所有伟大的领袖都是自我教化的高手，

教育改变一个人的思考模式，

训练改变一个人的行为模式。

—— 改变人生轨迹的一个电话 ——

就连成杰自己可能都没有体会到，练了一段时间演说后，他整个人的气场也得到了一定的提升。

同频共振，同质相吸。不久之后，成杰吸引了他一生中一位非常重要的贵人，他的名字叫李显耀。与李显耀的相识，也让成杰迎来了自己人生路上一个重要的转折点。

说起与李显耀的相识，颇具戏剧性。

成杰书社刚开张的时候，因为客流量不多，成杰就在商场门前的广场上演说卖书。当成杰在那里慷慨激昂地演说时，他并不知道，人群中有一双眼睛流露出了赞许的目光，这个人就是李显耀。

李显耀在绵阳，事业有成，家有贤妻，儿女绕膝。然而，20多年前的李显耀也与成杰一样，是一个不折不扣的苦苗苗。出身农家，就算父母亲倾尽全力养育几个孩子，孩子们的小肚皮也难得填饱。李显耀10岁出头就跑到外面闯世界了。10多年前来到绵阳打拼，经历过无数的坎坷，用他自己的话说："流的泪和汗一样多。"后来他凭着自己的勤劳智慧，把事业越做越好。

眼前这位与多年前的自己一样在外孤身打拼的年轻人，让李显耀有一种莫名的亲切感。当他看到成杰在那乱哄哄的广场上用演说卖书时，他就在心里暗暗称赞：“这个年轻人，不简单，假以时日，必成大器！”

人们常说，越努力，越幸运。人生就是一场马拉松，努力是一辈子的护身符，而幸运，就是努力这张护身符所生发出的耀眼光芒。成杰的努力给自己带来了幸运，李显耀主动向他伸出了温暖的手掌，让他在人生地疏的异乡孤单之旅中感受到了亲人般的温暖与关怀。

李显耀不仅经常自己去成杰书社买书，一买就是几百块钱，而且还把成杰书社的一些好书拿到自己的公司，让公司里的销售人员帮着售卖。周末的时候，李显耀也常邀成杰去自己家中做客，李显耀的夫人会亲自下厨给成杰做几样可口的家常小菜。李显耀的两个孩子也与成杰相熟了，和成杰也很亲热。

在离开家乡、离开亲人的冷寂漂泊岁月中，李显耀一家人给了成杰如家一般的温暖，让成杰的内心一次次涌起温暖的涟漪。更让成杰感激的是，后来李显耀的一个电话，让他的人生发生了质的变化，成杰的人生从此奏响了一个全新的篇章。虽然在这个篇章中，成杰受伤过、徘徊过、沮丧过，但这不过都是磅礴乐曲开始的小序曲或者小插曲，主旋律依然是振奋的、昂扬的、向上的。

那是2003年7月17日，一个值得成杰永远铭记的日子。

那是7月里平凡又不平凡的一天，李显耀的一个电话改变了21岁成杰的人生轨迹。

那是一个寻常的夏日下午，溽热依旧，蝉鸣依旧。

成杰接到李显耀打给他的电话。李显耀对他说：“成杰，你不是喜欢演说吗？今天晚上有一场演说，我们一起去听吧！”

原本就喜欢演说的成杰一口答应：“好！”

成杰睿语

目标一旦明确，贵人就会出现；

目标一旦明确，人才就会出现；

目标一旦明确，资源就会出现；

目标一旦明确，方法就会出现；

目标一旦明确，动力就会无限。

—— 敲开教育培训业的一道门 ——

演说现场，最前方是一方闪着聚光灯的舞台，台下百余人静静虔诚聆听，认真做笔记。再看演说台上的演说者，身穿一套白西装，年轻、帅气、口若悬河、风度翩翩，一举手一投足都绽放出无与伦比的魅力、影响力和感召力。

成杰小声问旁边的李显耀：“台上演说的人是谁？”李显耀说：“他叫张广如，在绵阳教育培训界很有名气。”

那一刻，是成杰第一次听说“教育培训”。

人生往往就是如此玄妙，我们每天听到的话何止十句百句，可是绝大多数话语都仿如一阵烟云，卷地风来忽吹散。而有些话语，哪怕只有一句，甚至哪怕只有几个字，都不啻于平地惊雷，让我们内心蛰伏的某种东西刹那间苏醒过来。

此刻，“教育培训”这四个字对成杰而言就是这样的感觉——犹如天籁一样鼓荡在他的耳膜周围。他感觉自己有点恍惚，忽然间发现：“天啦，这不就是我这么多年来一直渴望的感觉和追求的人生吗？！”

演说会完毕，成杰异常激动，甚至热血沸腾。当晚回到住处，他几乎彻夜未眠，发誓有朝一日自己一定也要成为那样一位在舞台上绽放魅力的演说家！

他做出了一个影响他一生的决定——我成杰，决定要进入教育培训业，决定要成为台上演说的那个人！

每个人在其一生中都会做出许多的决定。但更多的人是把决定埋在心里，很少付诸行动。而成杰，一旦做出一个决定，不管三七二十一，立刻就会去行动，而且很执着，不达目的誓不罢休。

做出决定之后，成杰就把心中的想法对自己最信赖的李显耀大哥说了。李显耀听了之后，沉默了许久，说："年轻人敢冲敢闯是好事，但要考虑周全。首先书店怎么办？你好不容易开起这个书店，也投了不少成本进去。"顿了顿，李显耀又说："其次，据我了解，教育培训行业并不好做，就绵阳市而言，每年在这一行里铩羽而归的就有不少，你做好心理准备了没有？"

成杰也推心置腹地说："显耀大哥，您说的这些，我也考虑过。这么些年，我从大山深处走出来，跌跌撞撞走到今天，从小山村走到城市、从卖报到摆书摊、从工厂搬运工到小书店老板，一路走来，我都感觉我的心是悬空的，没有落脚点。"

成杰忽地抬起头，眼里闪动着坚毅的光："而我在张广如老师的演说现场，我强烈地感受到那种强大的磁场，给我的震撼是前所未有的，我觉得这些年我一直寻寻觅觅的，就是这样的人生！不管以后要吃多少苦，受多少罪，我都会在教育培训行业里坚持下去……"

看着眼前这个面带稚气的年轻人坚定的眼神，李显耀重重地拍了几下成杰的肩膀，说："既然选定了这条路，就不要后悔。无论怎样，大哥都支持你的选择！”接着他又说：“成杰书社也暂时不要歇业，可以先雇个人给你打理。”

成杰点点头，李显耀的认可、肯定与鼓励，无疑给成杰的内心注入了一股强大的力量。

说干就干，第二天一大早，成杰就早早地来到张广如老师的培训机构，守候在张广如老师的办公室门前。成杰相信人生的机会是自己争取来的，守株待兔是不可行的，唯有主动出击，才有得到机会的可能。

他的脑海里牢牢记得世界著名影星费雯·丽为自己争取人生机会的故事，他也一直以此为鉴，努力处处寻找机会，创造机会。

费雯·丽是英国国宝级电影演员，她获得奥斯卡影后之时，颁奖词这样写道：“有如此的美貌，根本不必有如此的演技；有如此的演技，根本不必有如此的美貌。”费雯·丽曾说过：“我相信如果你全心全意地想要某样东西，你实际上已经得到了。”

当影片《飘》已经开拍时，女主角的人选还没有最后确定。当时费雯·丽虽然毕业于英国皇家戏剧学院，但还只是一个默默无闻的小人物。当她得知《飘》的女主角还没有最后确定时，她的心里异常激动，萌动着一股激流，她想成为《飘》的女主角，她有信心演好郝思佳这个角色。

可是皇家戏剧学院佳丽三千，怎么样才能让导演知道“我费雯·丽就是郝思佳的最佳人选呢？”她决定毛遂自荐。一天晚上，影片刚拍完外景，制片人大卫就开始愁眉不展，女主角依然没有人选。正在大卫一筹莫展的时候，他突然看见一男一女走上了扶梯。

男的他认识，就是男主角的扮演者克拉克·盖博，可是那位女士是谁呢？她扮成了影片中描述的郝思佳的样子，只见她一手扶着男主角，一手按着帽子。那一刻，大卫看呆了，那不就是一个活脱脱的郝思佳吗？就这样，费雯·丽被选中成了女主角！

费雯·丽的成名之路让成杰明白了一个道理：以前说酒香不怕巷子深，在如今，酒香也怕巷子深，机会自动砸中自己的机会微乎其微，机会要靠自己去争取、去创造。当自己的表现得到认可之时，就是机遇来临之时，知道和了解自己才能的人越多，为自己提供的机会也就会越多。

所以当他守候在张广如老师的办公室门口时，他是信心满满的。一看到来上班的张广如老师，成杰立刻迎了上去向他问好。张广如老师有点疑惑地看着眼前这个黑黑瘦瘦、带着几分土气的年轻人，礼貌地回答："你好。你是……"成杰赶紧把自己的来意说明。

面对这样一个既没好资历，也没好文凭的年轻人，张广如老师原本并不想让他进入自己的机构，多一个人就要多一份开支的。

张广如老师委婉地说："你的情况我了解了，但教育培训业不是你想象的那样简单，业务推广对于没有任何经验的你来说恐怕难以胜任，对不起。"说毕正要起身去开会，成杰一步上前，再度诚恳地说："张老师，请您给我一次机会，我会让您看到我的与众不同，我无比地热爱演说，真心想进入教育培训业。要不您看这样好吗，我先不要一分钱的工资，等干好了再说，行吗？"

眼前这个年轻人的真诚终于打动了张广如老师，他说："好吧，那我就给你一次机会。给你一个星期的时间，希望你能像自己所说的，让我看到一个与众不同的你。”

张广如老师的松口，仿佛厚厚云翳里透出的一线阳光，让成杰如释重负，内心顿时明亮温暖起来。虽然他也感到肩上的压力陡然沉重，但无论怎样，总算是一只脚跨进了自己梦寐以求的教育培训业或者演说事业的大门了。接下来，这只跨进来的脚是重新缩回去，还是带动另一只脚一起踏进来，就要全看自己的了。

张广如老师给成杰的时间只有短短一个星期，一星期内成杰能做出业绩打动公司从而留下来吗？他知道，忧虑不行，空想不行，犹豫不行，他唯一能做的，就是：行动！在最短的时间采取最大量、最有效的行动！

他现在亟须做的就是向陌生人面对面销售公司的课程门票。

第一天他开完早会，带上文件夹，就出门去“扫楼”了。所谓扫楼，就是首先认准一幢楼，坐电梯直达最高层，然后从上往下一扇一扇地敲门进行陌生拜访。每敲开一扇门，他都让自己保持最好的状态与人对话，然而，即便如此，他所承受与面对的却是一扇扇砰然关上的大门和一张张冷若冰霜的面孔。

成杰敲响了一个老板半虚掩着的门，室内的老板正在打电话，老板斜眼看到拿着文件夹的成杰，捂住话筒厉声对成杰说：“小子，你不要进来，小心踩脏我的地板！”

成杰望着那泛着红亮光泽的木质地板，慢慢地退了出来。那一刻，他的心像被一把尖刀猛地扎穿，痛得他不由自主地蹲下了身子。那一瞬间，他甚至想到了放弃——我何必要这样遭受别人无情的白眼与呵斥呢？我可以立即回去继续开我的小书店，过我的安逸小日子。

然而几乎一刹那间，又一个声音跳出来顽强地阻止他：不，成杰，你不可以退缩！你不是想成为人中俊杰吗？这点挫折算什么，这是你通往理想人生的考验和必经之路呀。你要记住，山阻石拦大江毕竟东流去，雪辱霜欺梅花依旧向阳开！你的选择没有错，继续勇往直前吧！

成杰坚持了下来，一个星期过去，虽然他只卖出了三张课程票，总价600元，但他的坚忍精神得到了公司的首肯，他终于被留了下来。留下来的他，更加坚定了迎难而上的决心，他把痛苦当作垫脚石，开始了蜕变之旅。正如一只蝶之幼虫，在拥有一个自由飞舞的蝶之梦后，它甘愿作茧自缚。因为它心里明白，虽然束缚是痛苦的，挣扎是费力的，但一旦挣脱束缚，超越痛苦，就会成为一只在明媚阳光下迎风起舞的蝶！

成杰睿语

念头是种子，行动是扎根。

是什么决定了我们成为什么样的人，取得什么样的成就呢？是我们的决定，决定决定我们的命运。

任何时候当你有勇气开始的时候，都是最好的时候！

—— 初尝教育培训的艰辛 ——

公司没有看错成杰。

进公司的第二个月，成杰就从一个不会销售的新人，一跃成为当月的销售冠军。

这个时候，喜欢他的人就说“他很自信”；嫉妒甚至不屑他的人就说“他那是盲目自信，也不称称自己几斤几两！”其实，有时候我们没有必要去称称自己几斤几两，管他呢，突破了自己再说，有了这份勇气，你其实就已经胜利了一半。

自信无疑是好事，然而人生总是会波谲云诡，变幻莫测，仅有自信仍不够。正如大地全是一马平川不可能，有高山有峡谷才显自然的多样与丰饶。

双脚已然踏进培训行业的成杰原本是有着心理准备的，他知道这个行业不好做。而当他真正深入这个行业之后，才发现其中所要经历的艰难困苦，远比自己预料的多得多，也坎坷得多，个中滋味真是如鱼饮水，冷暖自知。

有一次公司在进行内部培训时，其中安排了一个蹲马步的比赛。大家一字排开，每个人蹲好马步，然后比赛看谁蹲的时间最久，谁就胜出，获得100元奖励。这原本是个小游戏，一开始大家都不以为然，以为蹲个小马步还不简单！结果不到10分钟就有一些人坚持不住了，接着20分钟、30分钟、40分钟，越来越多的人败下阵来。

只有成杰坚持蹲了1个小时！

最后，张广如老师说："这就是剩者为王。今天让大家做这个小游戏，就是想让大家更好更透彻地理解'剩者为王'这四个字的含义。我们的教育培训行业就是一个剩者为王的行业。所谓剩者为王，就是这个行业虽然是极有前景的行业，但同时也是极富挑战性的行业，不是每个人都能坚持到最后的。在成长的过程中有很多人吃不了那份苦，中途放弃了。想要最终站上最高的讲台，就要在最短的时间里接受最艰苦的训练、进行最广泛的学习、采取最大量的行动……"

发放100元奖金时，张广如老师拍着成杰的肩膀，意味深长地说："成杰，好样的，好好干！"

多年以后，当成杰从一名闯入教育培训界的毛头小子成长为教育培训界赫赫有名的演说少帅时，当他成为那个站在高处笑到最后的佼佼者时，他才真正领悟到"剩者为王"的意义。

如果当初没有这四个字给予他精神上的支持，可能他早就与其他人一样，离开教育培训行业另谋出路了。那么教育培训行业也将少了一匹矫健的黑马，少了一位飒爽倜傥的"演说少帅"了。

2003年下半年的时候，绵阳市经济发展的势头大不如前，张广如老师的这家培训机构一样经历着严冬，课程推广阻力重重。

成杰很努力，为了让自己保持最佳的状态，他几乎都是站着打电话，而且打电话的时候面部要一直保持微笑，这样才能让接听者有如沐春风的感觉。即便如此，常常是邀约电话打过去，对方就不耐烦地嚷："现在连吃饭都成问题了，哪还有钱去搞什么教育培训？"还有更多的是电话接通了，还没听完来意，啪，就扣了电话。

绵阳城说大也不大，几轮下来，该邀约的企业都邀约得差不多了，收效甚微。公司整体业绩上不去，各项开支缩减再缩减，当初承诺给业务员的收入也大幅缩水，稍有其他门路的业务员一个接一个地黯然离开了。

而成杰呢，要去哪里呢？他没有地方可去。这半年来，因为全心全意开拓培训业务市场，书店根本无暇顾及打理，书店生意每况愈下，最后只好折价转让了。回工厂是不可能了，就算是能够回去，成杰也不可能再回去，在那里他找不到一丝归属感与价值感。

转眼到了12月底，公司仅剩几名业务员。寒流来了，天空成天彤云密布，太阳也不见了踪影。

一天傍晚，张广如老师对几名属下说："走，今晚请你们吃晚饭，大家辛苦了一年，我们去聚聚餐。"走到外面，大家才发现下雪了。雪花不大，但落在脸上、脖颈里，还是寒意沁骨。张广如老师所说的"聚餐"，原来就是在立交桥下那间简陋的小面馆里请大家一人吃一碗面条。大家也都理解老师以及公司的处境，这一年，张广如老师同大家一起奋力打拼，最后还是落得这样一个结局，难免伤怀。大家都不作声，低着头默默吃面，简陋的小面馆里，只听得到此起彼伏的“嗦嗦嗦”吸面条的声音。

面条吃完了，张广如老师说：“这是今年我们在一起吃的最后一顿晚餐，本应该请大家吃点好的，但是很无奈，公司今年的经营状况大家也都看到了。公司从明天开始放假，希望来年，我们会有转机，能够再在一起打拼……”张老师说着就有点哽咽，说不下去了。所有人的眼圈都红了。

出了小面馆的门，一阵凛冽的寒风刀子一样刮来。张广如老师挨个握了握这帮曾经在一起共患难的伙伴们的手，红着眼圈转头匆匆走了。虽然成杰进入公司只有短短不到半年的时间，但半年之前张广如老师激励他们“剩者为王”的声音犹在耳畔。而今天，看着张广如老师在寒风中寂寥清瘦的背影，他的内心五味杂陈、百感交集。

其他几位伙伴握了握手，彼此道了声“珍重”，也都各自散了。成杰最后一个走，他呆呆地站在原地，任凭冻风割面，他觉得自己与这些朝夕共处的伙伴们就像一团蒲公英的种子，一开始抱团在一起努力地往前飞，可是最后却不由自主地四散开来。而蒲公英的种子比这些伙伴们更幸运，那些小种子一个个头顶着小绒伞各自飞到自己的土壤里安家，等到来年春天，一阵春风拂来，一阵春雨浇过，它们就会生根、发芽、长叶、开花，又开始新一轮生命。可是这些伙伴们呢？新一轮生命在哪里呢？

他回到公司，那里已经人去楼空，空空荡荡。这是租来的办公室，明天就不再属于他们了，这里仿佛还回荡着他与伙伴们的笑闹声，回荡着早会上慷慨激昂的激励声，回荡着打邀约电话时含着笑意的问候声……

在公司楼下他骑上自己的破自行车，往出租屋的方向骑去。手上戴着一双线手套，可是骑到目的地时，手还是冻得像要掉下来似的。他从口袋里摸钥匙，恍觉口袋里瘪瘪的，这一年根本就没有赚到什么钱。因为公司效益不好，转让书店的那点钱，他平时邀约客户、路费垫付、维系客户关系等，东刨西刨用得都差不多了。

原本想多赚点钱春节回家多孝敬孝敬父母双亲，给父亲买床厚点的鸭绒被，父亲的肺气肿要保暖；给母亲买点好营养品补一补身子；还想给姐姐帮衬一点，姐姐的日子也不好过，在乡村旮旯里守着几亩贫瘠的田地一年到头累死累活也挣不了几个钱，还有两个孩子要养活、要上学。

现在才12月底，虽然街上已经有了一点年尾的气氛，但毕竟离回家过年的时间还早，还是再去摆点小书摊吧，出租屋里还有一堆书在那里，好歹能卖几个钱回家过年吧。

失业的成杰白天和晚上都可以在路边摆书摊了，只是还要提防城管就是。接近年末的绵阳街头，比往常冷清不少。白天，成杰坐在小板凳上，看着来来往往的人群，面前的大帆布上摆着几十本各种各样的书，间或几个人蹲下来翻翻看看，买的并不多。

一年前，他也在路边摆摊卖书，还演说卖书；而一年之后，他在外面兜兜转转了一大圈，又回到路边摆摊卖旧书。外在形式似乎未变，但成杰知道，自己的内心早已是沧海桑田，他再也不是从前的自己了。

人们常说“初生牛犊不怕虎”，那是因为出生不久的小牛犊根本不知道猛虎的凶险与残暴，而这有利有弊，利的是小牛犊敢打敢闯，无惧一切；弊的是一旦小牛犊领教到猛虎的凶险，就会变得畏首畏尾、瞻前顾后，恐怕连出门吃草都不敢了。

如今，成杰这头“小牛犊”就有些领教了生活这只“猛虎”的凶险和残暴，这只“猛虎”的狰狞让成杰这只“小牛犊”当初的锐气被磨掉了不少。

他坐在那里，深深地垂着头，不要说演说，就连叫卖都心灰意懒了。

成杰睿语

我们无法量化生命的意义、成就的大小、当下的得失，无法预知十年后的自己和明天的境况，所以必须努力在当下，活在当下。

—— 生活无情连扇两耳光 ——

这样的日子没过多久，崭新的2004年就来到了。

2004年1月1日，当外面此起彼伏地响着阳历新年的鞭炮声时，成杰却躲在自己的小屋静静地读书。

每逢佳节倍思亲，他当然想念亲人们，可是现在口袋里没有钱，就连路费都成问题。离除夕还有整整20天，也就是说起码还能再摆半个月的书摊，好歹还能挣到点回家的路费。

昨天去公用电话亭往家里打了个长途电话。电话打到村里小卖部，他告诉小卖部的人他是成杰，让小卖部的人去通知一下母亲他半小时后再打来，母亲半小时后守候在电话旁边就行。与家里的通信一直不是很方便，他以前提出说要给家里安个电话，父母一听说一个月一个电话不打也要25块钱的月租费，说什么也不肯装。

元旦之夜，原本成杰打算出去摆书摊，他想元旦夜行人一定很多，但天空却下起了小雨，他就待在小屋里读书了。

辞旧迎新之际，往往是最令人感慨万千之时。

那夜，成杰正好读到哲学家周国平的一席话，感觉这些话似乎正是为自己而写——

我躲在我的小屋里，守着今年的最后一刻寂寞。当岁月的闸门一年一度打开时，我要独自坐在坝上，看我生命的河水汹涌流过。在舞曲和欢笑声中，我思索人生，在沉思和独处中，我观照人生。有的人只有在沸腾的交往中才能辨认他的自我，有的人却只有在宁静的独处中才能辨认他的自我……

是的，观照人生，思索人生，2004年的第一夜，22岁的成杰一夜无眠。他无数遍问自己：我的人生路啊，你到底在哪里？

生活就是这样，那双本已无情的手掌在一个人的左脸扇了一耳光之后，往往又会毫不留情地在右脸再扇一耳光，而且这一耳光往往会更狠、更重、更疼。

2004年1月3日上午10点钟左右，天空下着小雨。母亲从家里走了十几里山路到小姑家用座机给成杰打来了一通电话。

“杰儿……”母亲一开口，声音已是哽咽，唤了一声杰儿后，再也说不出一个字。

成杰心下一惊，慌忙问道：“娘，怎么了？”

母亲哽咽着说：“你爹给别人盖房子，从两层高的房上摔了下来，落在石阶上……”

刹那间，成杰脑子中“嗡”的一声，焦急的内心又增添了愧疚与自责，出来工作三年了，依旧一贫如洗，不能为父母带来好的生活。

挂了电话，他四处奔走，最终从两位朋友那借来了800元，花了6元买了从绵阳到西昌的火车票。辗转数次，一路上为了省钱，他几乎都没舍得吃什么东西。

1月5日一大清早，成杰终于深一脚浅一脚，满身泥泞地赶回了家。

家还是那个一贫如洗、破败荒凉的家，而母亲，显得更苍老了，白发更是醒目地刺痛着成杰的心。

母亲见到儿子，眼里立刻蒙上了一层泪雾，她把儿子领到里屋，成杰一眼看到躺在昏暗的床上的父亲。母亲说："刚刚睡着了，一直痛得睡不安生。"

成杰问母亲："为什么不上医院啊？肋骨断了不是小事，不上医院怎么行？"母亲无奈地叹口气说："你爹这个人你还不晓得吗？一根倔木头，怎么样都不肯上医院，怕花钱，说家里好不容易攒下的那点钱要留着给杰儿盖房娶亲用，杰儿娶亲是天大事，那钱说啥不能动。"

成杰坐在父亲床沿边，轻轻抚摸着父亲粗糙苍老的手，憋了一路的泪水终于夺眶而出。他让这泪尽情地流啊，流啊，那泪里，包含着多少作为人子的愧疚与痛心。

温热的泪水滴到父亲手背上，父亲醒了。父亲睁眼看到儿子回来了，很意外和惊讶，他强打精神脸上堆起笑意说："杰儿你怎么回来了？这不是还没到过年的时候吗？"成杰说："听说爹从房上掉下来了，我吓得命都快没了！"

父亲眼瞅着母亲，嗔怪母亲道："一定又是你这搅事的婆娘瞎嚷嚷，害得杰儿在外不能安心工作，让你别告诉娃儿别告诉娃儿，婆娘家就是头发长见识短。"被数落的母亲在儿子面前有点尴尬地说："你个倔老头子，我不是被吓蒙了吗？"

成杰赶紧抢过话头："不怪娘，娘是对的，家里出了事，不告诉儿女告诉谁？爹你要上医院，这个可拖不得，今天我就带你上医院。"

"上医院干啥？在家里休养休养就好了，不碍大事的，慢慢骨头就自己长起来了，不碍事不碍事。"无论成杰如何劝说，父亲就是不去医院。

父亲躺在床上起不来，母亲又要忙里忙外，家里养的三头牛没人放了，平时都是父亲下工回来牵着几头牛到山坡上去吃草。成杰牵起缰绳，去山上放牛。

到了小山，成杰把牛们放在附近吃草。冬天的小山，草不多，只有背风向阳的地方还有一丝绿意。

他一屁股坐在一丛枯草上，望着不远处自己从小生长的这个小山村，依然是那样闭塞，依然是那样贫穷，自己的家依然家徒四壁，环堵萧然。自己已经离家在外闯荡漂泊好几年，至今还是囊中空空，一无所有。成杰坐在小山坡上，痛苦地把双手插进头发里，使劲揉搓着自己的头发，怎么办？我该怎么办？我的人生路在哪里？

"成杰，你在这里干什么呢？发什么呆呢？你家牛跑远了，快去追啊！"忽然有人叫成杰，他抬头一看，是二伯。

二伯对他说："成杰，发什么呆啊，还不赶快去好好放牛，你爹好些了没有？这次摔得不轻，你爹不容易啊。你姐出嫁了，你又在外面打工一年到头回不来，你妈身体不好做不了什么大活，家里就靠你爹在撑着，现在他也倒下了，唉。”二伯边说边摇头，叹息着走开了。

父亲死活不愿去医院，没办法，成杰只好跑了趟县城药店，买了一些促进骨头生长愈合的药物。还有不到20天就要过年了，成杰决定干脆年后再回绵阳。年前就在家里帮母亲干些力气活，再细心地照顾父亲。

父亲躺在床上不能动的这些日子，成杰除了读书、帮母亲干活、照顾父亲之外，就搬个小凳子坐在父亲床边，拉着父亲的手陪着父亲聊天。

父亲最喜欢问他的一句话就是：“儿，还记得你小时候吗……”然后，父亲就会对他讲很多很多杰儿小时候的事，甚至是杰儿出生前后的事。

从前父亲忙于生计，很少能与成杰如此亲近、如此从容地说这么多话。此次父亲的话，让他记忆的闸门一次次开启，让他一次次沉入往事的追忆之中……

成杰睿语

知恩感恩，同心同行。感恩，是一个耳熟能详的词语；感恩，不能停留在我们讲了多少遍，而在于真正做了多少。感恩的心，升华我们的灵魂；感恩的行动，丰盛我们的生命。

第三辑

扎根，是为了蓄积向上的力量

我的出生并非传奇

成杰出生的小村庄是四川省凉山彝族自治州西昌市大兴乡的一个小山村。这是川西高原腹地的一个偏僻小山村，这里除了汉族之外，还有彝族、回族、藏族等兄弟少数民族。

说起西昌，许多人第一反应都会与“国家”“神圣”“荣光”“骄傲”这些词语联系起来，因为它是中国四大航天基地之一的西昌卫星发射中心所在地。事实上，也的确如此，它有着“半壁撑霄汉，宁城列画屏”的雄伟泸山，也有着“山光共水影，一碧容千顷”的浩渺邛海。然而家乡景色虽然秀美，但因处深山僻远之地，贫穷依然如幽灵一样盘踞在一代又一代山民们的心头。

由于地薄田瘦，山深路险，成杰爷爷奶奶那一辈就家徒四壁。成杰母亲当初是看上了成杰父亲的憨厚诚实，而且还有一点泥瓦工手艺，她坚信只要夫妻二人同心，日子一定会慢慢好起来的。

父母结婚成家之后，起早贪黑地干活。常常是半夜起来做早饭，简单吃点，再用搪瓷缸带一些中午吃的饭，天不亮就背上农具出去干活。中午不回家，一直干到天黑透了才回到家。新成家的小两口怀着一个美好的愿望：只要好好劳动，一定会摆脱贫穷，过上好日子的。

可是愿望的美好常常敌不过现实的残酷，山地原本就贫瘠薄弱，庄稼长势不旺，一切都得看天吃饭。就这样捱了几年之后，女儿出生。四年之后母亲又怀上了第二个孩子，这个孩子就是成杰。

人们常说山里的女人不娇气，大着孕肚照样洗衣烧饭，重活、累活、脏活照干不误。其实那是没有办法，再难受也要忍着。你休息了，活儿还在那里呢。

成杰的母亲就是这样，成杰父亲去村里做泥瓦工了，家里家外都得大着肚子的母亲一手操劳。

1982年7月3日，农历五月十三，这一天是个响晴白日的天，母亲一早起来挺着沉重而圆硕的肚子，洗了一大盆子的衣服，又把几床旧床单给泡上了。肚子里的孩子眼看着就要出生了，再不抓紧时间洗就没时间了。她在5岁女儿的帮忙下，吃力地坐下来，弯下腰搓洗着床单。终于洗好了床单，将它们晾晒在门前的绳子上。明亮的阳光照耀在家门口那几棵繁茂的大树上，点点阳光从枝叶罅隙间漏下来，洒在地上，如一地碎金。

阳光也洒在待产的年轻母亲脸上，那一团团闪烁不定的斑驳光晕，正如她不能安定的心——天色不早了啊，赶紧去山上采一筐蘑菇回来吧，听说最近蘑菇又涨价了，多采一点好歹能多卖几个钱呢！

5岁的女儿过来抚摸着她的肚子说："娘，歇歇吧。"母亲伸出手抚摸着女儿的头发，眯缝起眼睛看着那些在微风中抖动的树叶，轻轻吁了一口气，说："娘不能歇啊，宝宝快要出生了，哪里都得花钱呢。”她折回屋子拿上竹筐，朝离家不远的小山走去。小山上林木茂盛，初夏正是蘑菇疯长的季节。

5岁的女儿站在自家门口，有点不放心地看着母亲渐行渐远的蹒跚身影。原本她想陪着母亲一起去，可母亲说不用，要她在家里看好家门。穷人的孩子早当家，女儿虽然只有5岁，可是已经懂得为父母分忧了。

不知不觉间天色就渐渐暗了下来，她跑到门外瞧瞧，太阳已经快沉到那边山坳里了，还剩小半边脸在那里摇摇欲坠。可是还没有看到娘回来的身影，女儿开始着急起来，她伸长脖子极力朝小山那边望，还是没有。

父亲收工回来，听女儿说娘去山里采蘑菇到现在还没回来，急坏了，赶紧飞一般地往山那边跑。

太阳已经完全坠落到山那边去了，天色越来越暗，渺远的天穹像一口暗蓝色的锅罩了下来，上面还点缀着一颗颗闪闪发亮的东西，那是星星。

心急火燎的父亲飞快地往小花山的方向跑，他的心悬吊着——天色这么晚了，她一个快生的“大肚子”，要是跌一跤或是遇上野兽可怎么办？小山里是有伤人的野兽的。

正当父亲惴惴不安的时候，远远看见一个摇摇晃晃的身影，再近些，看清楚了是背了一筐子蘑菇的妻子。他的心陡地一酸，她肚子已经疼了好一阵了。他接过蘑菇筐，心里急得像有一团火，却只能一步一步扶着痛苦呻吟的妻子小心翼翼地往家走，不能走快了，一个闪失就有危险。

终于到家了，两个人都是满身大汗。妻子叫了一声："赶快去叫接生婆……"接着就疼得再也说不出一句话了。李阿婆是村里的接生婆，村里几乎一半的孩子都是经她之手来到这个世界的。

晚上9点28分，伴随着一声嘹亮高亢的婴啼，一个小生命降生在这个偏远小山村简陋的床褥上。

"是个男娃儿，是个男娃儿，恭喜啊！"李阿婆将手脚乱舞的小生命托举在手中欣喜地叫道。

已经精疲力竭的母亲看着粉嘟嘟的小婴儿，欣慰地笑了。父亲心疼地拂着妻子额前被汗水濡湿的头发，也无限怜惜地看着这个幼小的生命，这个小生命是他生命的延续。在苦水里泡了几十年的父亲，希望这个小生命将来能够摆脱贫穷与困苦，拥有一个与父辈不一样的人生。

父亲的期望没有落空。经历风雨20余年后，这个小生命果然让自己成为了父亲的自豪。

成杰睿语

感恩最好的方式就是不辜负，
爱父母最好的方式就是成就自己，
让自己成为父母的骄傲。

一次意外，让他发下宏愿

娃儿落地，随风见长。仿佛是眨眼之间，小成杰就长到了6岁。

6岁之前的小成杰，虎头虎脑，人见人爱。虽然物质生活上依然贫寒，但6岁之前的小成杰是快乐的。爷爷奶奶、父母双亲以及大他5岁的姐姐，都给予了他许多爱。

春天，万物争荣，生机勃勃，姐姐带着他一起去小山上挖草药，小山像披了一张绿地毯，他们在上面追逐打闹；

夏天，热情似火，绿荫苍翠，父亲带着他去村里的水塘游泳，塘水清冽甘凉，再热的天，“扑通”跳进去就暑气全消；

秋天，天高云淡，凉意渐浓，小山上的板栗成熟了，父母亲有时间就带他去采板栗，那毛刺刺的外壳里藏着一个个光滑的棕褐色板栗，采回去煮熟，就是他最好的小零食；

冬天，山风呼号，常常会有白雪飘落，他被母亲穿成了一个小棉花包，在雪地里奔跑、撒欢儿，留下他童稚的笑声……

小成杰的健康健壮一直是父母的骄傲，村里有些孩子，三天两头生病，村里的赤脚医生是家中常客。可小成杰呢，一年到头难得感冒一次。村里赤脚医生有一次跟成杰母亲开玩笑地说："都像阿杰这娃娃一样，我的饭碗可就要砸喽。"

然而成杰6岁那年，发生了一件足以改变成杰命运的一件事。这件事让成杰从一个虎头虎脑的健壮孩子变得形体消瘦、体弱多病。

家里的农活，没日没夜地忙，总也干不完。父亲只好省吃俭用凑钱又买了一头健壮的小牛，有了牛，以后可以耕田，人就会轻松很多。

小牛被父亲拴在屋后的一个树桩上，小成杰问父亲："爹，我可以骑小牛吗？"父亲说："不可以，小牛刚买回来，性子还没有驯服呢。"说完父亲就到门前的晒场上干活去了。

小成杰才不以为然呢，他心想，嘁，爹骗人，吓唬小孩子，我刚刚听到爹娘说小牛还不满一岁，这么小的小牛，有什么好怕的嘛，大水牛我都骑过了……

他悄悄地解下拴牛的绳子，牵着小牛来到田野里。小牛那么高，成杰那么小，怎么才能骑上牛背呢？聪明的成杰想了个办法，他把小牛赶到一个没有水的沟里，自己站在沟沿上，一纵身，嘿，稳稳地骑上牛背了！

小成杰可得意了，骑在牛背上摇头晃脑。他想起以前爹带他去邻村看露天电影，那电影上一个军官挥舞着大刀朝前一指，就指挥了千军万马，好威风啊！小成杰手里也握着一根树枝往前一指，大声命令小牛前进！

小牛果然听话地一直往前走，小成杰觉得自己真的成了一名指挥着千军万马的将军，“前进，前进，前进！”他不断催促着小牛。可是小牛忽然停住不走了，这让小成杰很不爽，怎么不走了？还往前走啊！

小成杰用手里的树枝打着牛屁股，用两条腿使劲踢夹牛肚子，小牛站在那里左摇右晃，就是不肯再往前走。小成杰的牛脾气上来了，他气急败坏地用树枝使劲抽了几下牛背。不巧树枝末梢抽到了牛眼睛，小牛疼得突然狂暴起来，猛地往前一蹿，四蹄高高抬起，牛身几乎垂直，眨眼之间牛背上的小成杰就像一块失重的秤砣一样重重摔到沟里面……

等到小成杰悠悠醒转时，他听到耳边是一片哭声，母亲、姐姐都在哭，父亲没有哭出声，可是脸上分明满是泪痕。看到小成杰睁开了眼睛，一家人惊喜不已，破涕为笑。母亲把小成杰紧紧搂在怀里，心有余悸地说：“杰儿你吓死娘了，以后可不要再这样顽皮了……”

生活看似又恢复了风平浪静。然而，谁也没有料到，灾难就像隐藏在暗处的鬼蜮，在人不经意的时候，冷不防地跳出来。

小成杰从牛背上摔下来一个星期后，他突然头痛不止。那样剧烈的头痛让他痛不欲生，脑袋里忽而像有钢锉在一下一下锉着他的脑神经，忽而又像有数不清的尖针在戳着他的天灵盖。那样难以忍受的剧痛，让他无法安静地躺在床上，他使劲捶打着自己的脑袋，又把脑袋往床板上撞，一家人都被吓得手足无措。

父亲叫来了村里的赤脚医生，赤脚医生一看连说治不了，让他们赶紧带孩子去县城的大医院，不要耽误。

要去县城，一定要经过村口的那条河，成杰他们村子里没有桥，平时枯水季节，河水漫过小腿，人们都是涉水过去。但现在正是大凉山的雨水季节，河水湍急，无法涉水，只能绕很远的山路到另一个村子，那里有一座桥通往县城。

但路再远再险也要去。父亲背起小成杰就出发了。

山路因为少有人走，植被茂盛，再加上雨季，山土松软，父亲背着小成杰深一脚浅一脚艰难地往前走。小成杰趴在父亲的背上，看到父亲脖颈上滚着豆大的汗珠，听到父亲“呼哧呼哧”沉重的喘息声，虽然头痛还是那样剧烈，可是懂事的小成杰咬着牙关默默忍受着，尽量少呻吟，他不想让父亲太为自己着急担心。

终于到了小桥了。走过桥，再走一段路就是去城里的马路，那里有去城里的长途班车。他们颠簸了1个钟头才到达城里的医院，到了医院后小成杰的脑袋上就被恐怖地插上了十几根长长的尖针。

6岁的小成杰非常恐惧那些钢针，可是不扎针头痛病就不会好。没有办法，他只好心一横，闭着眼睛忍着剧痛任凭医生在他的头上将一根根长针扎进他的头皮。连医生都夸这孩子好勇敢好坚强，很少见到有孩子扎这样的钢针不声嘶力竭地哭爹叫娘的。

小成杰在扎针这件事上表现出来非同寻常的坚忍与耐力，似乎也隐隐为他日后经历千难万险最终走向成功埋下了一个伏笔。然而，即使经过这样恐惧和疼痛的扎针治疗，小成杰的头痛病也没能彻底治好。一旦痛起来，他还是痛苦得直撞墙。

6岁那年从牛背上摔下来的那一天，成为健壮的小成杰与羸弱的小成杰之间的一道分水岭。

由于羸弱的体质和严重的头痛病，小成杰直到8岁才开始走进小学的校门。

小成杰所在的村子名叫建新村，村子被一条河一分为二，学校在河的那一边。河上没有桥，孩子们小，只好由大人每天背着过河上学。

小成杰的父亲患有肺气肿和哮喘病，天气温暖时还好一些，天气一冷，父亲很容易犯病，就无法背他上学了。后来有一段时间，小成杰的小叔帮忙，每天背他过河。但小叔要忙自己的事情，不能总是来背小成杰，没有办法，不满10岁的小成杰只好自己过河。

一个不满10岁的孩子独自趟过那样一条并不浅的河流，并不是一件容易的事。每一次小成杰都是把书包拴在脖子上，手里拄着一根长棍，脚趾紧紧地抠住河底的石头或杂物，用长棍用力撑住河底以抵挡水流的冲击。

有一次头天晚上下了雨，河水比平时更加湍急。小成杰还是像往常一样小心翼翼地过河，突然一个浪头打来，他一下子失去了平衡，人就像一片树叶一样被水流卷走了。万幸的是，他被冲到了一个河面较为开阔、水流较为平缓的河段。他用尽全力平衡住自己，慢慢地往岸上挪，才终于爬上了岸！

成杰的小学生涯就是在这样的环境中慢慢度过了。

小学毕业后，成杰已经是一个13岁的少年了。13岁的少年成杰站在依然水流湍湍的河边，看到还在上小学的那些本村孩子或是由大人背着吃力过河，或是没有大人背，只好自己冒险涉河。

看到那些上学路上历险涉艰的孩子们，13岁的少年成杰心潮澎湃。他小小的心里忽然鼓胀着无限的豪情：有朝一日，我一定要在河这边建一所小学，让村里的孩子们再也不用冒着生命危险去上学！

这样的誓言，成杰对村里人是羞于启口的，因为村里人会笑话他那是公鸡下蛋，母鸡打鸣——不可能的事。

当时13岁的成杰也没有想到，10多年后，他将会把心里这个朦朦胧胧的誓言足足放大101倍，他不仅仅是要建一所希望小学，而是要捐建101所希望小学！

成杰睿语

对生活常怀感恩之心；

对生命常怀敬畏之心；

对人生常怀欢喜之心。

阅读，为他打开了一扇心窗

1996年秋天，成杰上初中了。

中学在镇上，离家有20多里的山路。就算是晴天，山路都崎岖难行，更不要说阴雨天气，更是山高路陡无法行走。因此成杰就当了一名住校生。

说是住校生，其实是没有宿舍的。学校里的学生绝大部分是住在家的，像成杰这种来自偏远山区的学生，班上总共只有10几个人。都是贫苦孩子，学校没有宿舍，就只好让他们晚上用课桌拼成床睡在教室里。成杰来学校时挑了两个鼓鼓囊囊的蛇皮袋，里面是一床缀着补丁的被子、枕头，以及其他一些基本生活用品。白天上课的时候，这些东西都静静地靠在教室后面的小角落里。夜幕降临时，成杰就将被褥拿出来铺在用课桌拼成的“床”上。

虽说是镇中学，但毕竟是山区镇中学，条件并不好。课桌也常缺胳膊断腿，晚上也没有电，蚊子还特多。成杰躺在这样高高低低硌人的床上，黑暗里，蚊子在耳边的嘤嘤嗡嗡声和其他几个孩子的打闹声，让他难以入眠。

他透过教室窗户的一角，看到遥远天际闪着幽光的几颗星星，心里有点失落——他是一个上进的孩子，他觉得就算被蚊子叮咬得再厉害都无所谓，可这样的夜晚时间都被这样白白浪费了，真是可惜。

他想读书，可是这样的条件，哪里会有书读呢？

一个学期过去，放寒假了。父亲看到儿子虽然长高了一些，但是又黑又瘦，心里挺不是滋味，就问儿子是不是学校吃不好睡不好。成杰对爹说："吃差点住差点都不怕，最怕的是漫漫长夜熬得难受，没有电，也没有书看，经常睡不着。"

父亲虽然是个泥瓦匠，但严格来说也是个憨厚的庄稼人，从不轻易开口求人。但这次为了儿子，他还是放下了自己的面子去找到成杰的小爷，小爷在村里算是一个文化人。巧得很，小爷与学校校长有些交情，就答应去找学校校长试试。

不久小爷就带来了好消息：校长有一间宿舍，但基本不住，因为家离学校比较近，所以他每天都回家。校长就把这个宿舍让出来，给几个学生住着，现在又加了个成杰。

成杰第一次走进校长的宿舍，宿舍挺简朴，空间不大，再被两边各一排上下层的铁架床一占，就几乎满当了，成杰的小床只好勉强挤在最靠里面的空当里。

成杰一点都不觉得委屈，他觉得有个安稳的住处真是太好了，不用受蚊叮虫咬了，而且有电灯。更让他高兴得差点跳起来的是，离他小床最近的地方竟然有一个小书架，那书架上排着整整齐齐的书！

这对于爱看书的成杰来说，这个小宿舍顿时如天堂一般。

每天晚上当另外四个孩子打打闹闹、吵吵嚷嚷之际，只有成杰一个人窝在自己的小床上安安静静地看书，他遨游在书的世界里，再大的噪音都干扰不到他。两个月后，小书架上的几十本书就被成杰基本看完了。

正当成杰因为没书看而若有所失的时候，一个更大的惊喜在等着他。那天放学他一推开宿舍门，不禁大吃一惊，两边的钢架床不见了，取而代之的是一摞摞堆得像小山一样的书。

正在他瞪圆了眼睛的时候，校长走过来对成杰说：“成杰啊，学校准备筹建图书馆，这些书先放在我这里，你可以看，只要不弄坏弄丢就行。”成杰有点奇怪另外四个孩子哪去了，校长说：“哦，那四个捣蛋鬼我不让他们住了，天天吵得附近老师都跟我投诉了好几回。”

从此以后，每天晚上成杰一个人“坐拥书城”，他乐坏了，觉得自己像一个富翁一样富有。阅读为他的心打开了一扇窗，让他有一种豁然开朗的感觉。

他在书里看到法国著名作家罗曼·罗兰说：“读书，就像迎着朝阳走路。”这句话，成杰非常喜欢，他把这句话端端正正抄在自己的小本子上。他觉得自己也有这样的感觉：每天都觉得生活阳光明媚，他感到自己的生命从未有过如此的精彩。

他在书里看到作家钱锺书的一些事情：钱家人笑锺书“书痴”，并说“痴人有痴福”；锺书先生爱读书，只要有书读，他别无所求，好像享受富人“命中的禄食”一样丰足。

锺书先生有一段时期将书房命名为“容安馆”，这个所谓的“容安馆”书房，是在小客厅里拦了一扇屏风隔出的一角，窄小得只能容身。锺书先生做到了真正的“容膝易安”。谁能想象，在这样一扇屏风拦出的一角里，他写出了《管锥编》《谈艺录》等令人惊叹的伟作。

成杰还在书中看到著名语言学家周有光先生的一则《新陋室铭》：

山不在高，只要有葱郁的树林。水不在深，只要有洄游的鱼群。斯是陋室，只要我唯物主义地快乐自寻。房间阴暗，更显得窗子明亮。书桌不平，要怪我伏案太勤。门槛破烂，偏多不速之客。地板跳舞，欢迎老友来临。卧室就是厨室，饮食方便。书橱兼作菜橱，菜有书香。仰望云天，宇宙是我的屋顶。遨游郊外，田野是我的花房。

周先生说：“嚼得菜根香，百事可做。”100多岁的有光先生，淡泊心胸，乐观豁达，做到了大智若愚，大道至简。

……

还有许多许多书中的知识赋予了15岁的成杰与众不同的思维，让他与同龄的孩子站在一起，立刻能让人感觉到他身上的某种不同。

虽然生活依旧贫寒，成杰依然穿着补丁缀补丁的衣服，因为营养不良而面有菜色，但他的精神状态是不错的，眼睛炯炯有神。

或许是因为酷爱读课外书，成杰并没有将百分之百的精力和时间全放在功课上。他在班上的成绩算不上数一数二的名列前茅，但也还不错，老师们也都比较喜欢这个爱看书的男孩子。

—— 社会，一所没有围墙的大学 ——

如果日子能够就这样在书的环绕下波澜不惊地流淌下去该多好。

可是生活永远不可能一马平川，也不可能永远笑脸迎人。初三下学期，生活突然向成杰露出了狰狞的面目。

就在成杰初三第一学期寒假快要结束时，父亲的哮喘病犯了。父亲原本就有挺严重的肺气肿和哮喘病，一般天气暖和时会好一些，天气寒冷就要好好保养。

父亲除了种地之外，还是个泥瓦匠，帮村里乡亲盖房子。因为肺气肿和哮喘的原因，一般情况下冬天的泥瓦活儿父亲就不接了。可是今年父亲却继续接活了，而且干得很辛苦，天天一早就出门，到晚上天黑才回家。

成杰说："爹，天气冷，这些天就不要去做活了。"父亲说："杰儿，你现在初三，来年就要考高中了，听人家说念高中要花不少钱，现在多攒一点是一点，免得到时候抓不到钱愁急。"

成杰听得心里酸酸的。父亲的倔脾气成杰知道，劝阻是没有用的，那就尽量让父亲多穿点衣服去上工吧。懂事的成杰还跟在父亲后面去给父亲打下手、做小工，目的就是想减轻一点父亲的劳累。

可是即便这样，父亲的哮喘病还是犯了，而且犯得很厉害。成杰要送父亲去医院，可是父亲说什么也不肯去，说这是老毛病了，不碍事，歇歇就好了，家里还备着一点治哮喘的药，吃吃就好了。成杰知道爹舍不得花钱，哪怕一分钱，爹也想省起来给儿子上学。

夜深人静的时候，成杰躺在床上，听到隔壁房间里爹哮喘引发的哮鸣声，还有一阵接一阵的咳嗽声和呻吟声，那咳嗽和呻吟听起来很是沉闷，明显是爹在极力压制着，成杰知道那是爹怕吵到家人睡觉而捂住自己的嘴尽力憋住。

成杰的泪水，在万籁俱寂的山村深夜，顺着眼角向两旁流淌，一直流进耳朵里。

父亲是这样孱弱多病，母亲的身体更不好，姐姐为了帮家里干活早早辍学了。而自己呢，不仅没有对这个一贫如洗的家做出一点贡献，反而一直在花着亲人们的血汗钱，全家人都是省吃俭用从牙缝里挤出钱来供他上学啊。

寒假后就是初三最后一学期了，马上面临中考。可是，每年中考、高考，考上的人寥若晨星，而且大多是复读一两年甚至四五年的复读生。

再说自己就算考上了重点高中，那又怎么样呢？成杰听说了，读高中要花很多钱，而且学费比初中贵很多。三年高中读下来后还要考大学，即使考上大学，那学费更是天文数字，四年大学的费用，这个环堵萧然的家根本无力承担。

成杰其实对自己考上高中是有信心的，但他知道，自己一旦考上高中，凭父亲的倔性子，就是拼着老命也要抠钱给他上学的，他不想看到生病的父亲为了自己上学连命都不要。如果父亲的命都没有了，他成杰上这个学还有什么意义呢?

初中两年半，成杰住在校长宿舍里读了许许多多的书，他也懂得了很多的道理。他觉得就算他不惜一切代价读完了大学，拿到了大学文凭，但那就真的能够代表他的人生够成功吗？如果不顾家庭情况，甚至不顾亲人死活而去拿那一纸大学文凭，他觉得那不是成功，那是自私，是耻辱。

他清晰地记得在书里看过这样几句话，他觉得很对。那几句话说：学历就像一张火车票，清华北大是软卧，一般本科是硬卧，专科是硬座，技校、函授、成教、高中是站票，初中、小学没上学的在厕所挤着，但最终他们都得到站，到站后都得找工作。找工作时却发现老板并不特别关心你究竟是乘软卧、乘硬卧，还是在厕所挤着来的，老板最关心的是你能不能把活儿干漂亮!

这句话在成杰的脑海里盘旋了很久很久。他知道这并不是说文凭不重要，成杰也知道文凭非常非常重要，很多时候它甚至就是一块敲门砖。可是如果为了得到这样一块敲门砖而让亲人们受苦受难，他情愿不要。

他相信自己就算没有文凭，也一样能找到其他的东西当敲门砖。

在他以往读书的印象中，他记得中国很多伟大的人并不都是有高学历的人，比如思想家、教育家钱穆中学没毕业，文字家、教育家、诗人刘半农和数学家华罗庚初中勉强毕业，文学家、翻译家金克木小学毕业，书法家启功中学没毕业，画家齐白石没上过学，文学家、语言学家陈寅恪高中毕业，作家沈从文小学没有毕业，鲁迅也只是中专毕业，连伟大的周总理也只是高中毕业……还有很多很多，成杰都有些记不起来了。

那一夜，16岁的成杰几乎一夜未眠，辗转反侧之后，他做出了一个在他16岁生命征程里最大的一个决定：辍学，不参加中考，尽早帮父母分担生活重担！

他相信自己一定也能与那些前辈先贤一样，就算没有文凭，凭着自己的努力，靠着自己的拼搏，也一样能够成才。

他相信社会的舞台很大，一定会有一方舞台能够让自己舞之蹈之，歌之咏之。

第二天一早，成杰就把自己的决定告诉了父亲，并向父亲说了昨夜一夜的想法。父亲了解自己的儿子，他知道儿子既然做出了这个决定，一定是经过深思熟虑的。

父亲沉默了很久，慢慢说了一句话："杰儿，这是你自己选择的路，以后不要后悔就行。"

成杰睿语

每一个人对改变都怀有恐惧和抵抗，
但是所有改变的背后都意味着惊喜。

—— 为梦想，三出大凉山 ——

把书包和被子背回了家的成杰，从此面对的，是一个如迷局一样莫测的人生。

父母身体都不好，姐姐毕竟是女孩子，离开学校的成杰，立刻就成了家里的主劳动力。打蒜薹、挖洋芋、掘大蒜、收割苦荞麦和玉米、上山砍柴……他与父亲面朝黄土背朝天地劳作了半年，这半年，他并没有中断习武和看书。

但是武练得越好，书看得越多，他感觉自己的心越来越空，空得让他有一种窒息和恐慌的感觉。

看到同村一些小学就早早辍学的儿时伙伴，有的不到20岁就结婚生子，背起了养家糊口的重担，生活的艰辛与压力让那些还带着稚气的面孔黢黑消瘦。成杰想，再过10年，他们的腰就会弯了，脸上就要长皱纹了，难道我也要重复他们的人生吗？

不，决不！

可是，就算不愿意又能怎样呢？为了习武，他在房梁上悬了一个自制的沙袋，每天农活劳作结束之后，就练上一阵子。

这一天，成杰又来到沙袋前，打了几下，就颓然停下了。他想起白天在地里干活时，父亲叹了口气说："今年的雨水不好，庄稼看样子收不了几个钱了，得赶紧攒下几个钱盖个像样点的屋子，不然过几年找亲都难找……"

成杰一下脑袋有点发懵，他说："爹你胡说啥呢，我才多大呀？""多大了？你翻过年不是17岁了吗，找亲不是眼睫毛前的事情吗？"

成杰站在沙袋前，他的脑袋轰轰轰的，他的眼前一直浮现着那些娶妻生子后被生活过早压弯了腰的儿时伙伴。他想难道我的人生真的也一辈子耗在这深山里了吗？不，我不甘心。

可是，前路在何方呢？

他心里无比压抑、沉郁、滞重，他想大喊发泄一下心里的积郁，可是他不能，那样会惊到亲人们。他脱下手套，狠命一拳打在粗糙的墙壁上，十指连心，瞬间，剧痛从手指关节蔓延到心里面，有丝丝鲜血渗出来，滴落在地上。他望着血一滴一滴地渗进土里，心里的痛却没有减轻一分一毫。

半个月后，他偶然在乡上的小卖部得到一张少林寺招生广告，他惊喜万分，如获至宝地藏在自己枕头下面，一有机会就拿出来看。

这张薄薄的广告纸仿佛是通往外面世界的通行证，他萌生了去少林寺习武的想法。他想，习武之后起码可以去外面当保安，或者给人当保镖。

心意已决，说走就走。16岁的成杰说服了父母，带上仅有的2100元钱，平生第一次走出了大山。

经过长途跋涉，懵懵懂懂的少年成杰来到成都，他还未来得及看看令他眼花缭乱的成都美景，就被在成都读大学的表哥一瓢凉水兜头浇下。

那是一个华灯初上的夜晚，在表哥就读的大学门外街道上，摆着各种小摊，有卖小吃的，有卖衣服的，有卖书报的，有卖礼品的，还有举着串串鲜红糖葫芦叫卖的，很是热闹。

“听说你以前挺爱读书的，可你为什么要去学武呢？”堂哥问。

“读书要花很多钱，家里出不起，再说也不知读到啥时才有出路。学武很快，学完就能马上有工作。”

“学完做啥工作？”

“做保安。一个月800元，可以到广东、深圳去工作，做得好的话说不定还能帮老板做保镖，每个月可以拿到1500元呢。”

“是，800元，1500元，好像是不少，现在在你看来很有吸引力是不是？可是你的前途呢？你要做一辈子保安、保镖吗？这份工作安全吗？能实现你的人生价值吗？这是你想要的生活吗？”

表哥一连串咄咄逼人的诘问，像一块块寒气砭骨的冰块，投进了他的心里。

他的心在这之前正被“很快可以有工作拿工资”的想法弄得像一锅烧开的水，翻滚而混乱。而当堂哥这一连串的大冰块投进来后，热度骤降，他的心湖不再沸腾，反而慢慢平静明朗起来——是啊，我怎么变得这么鼠目寸光？我的未来怎么能永远定位在保安、保镖的工作上呢？

成杰想了想，老实回答："这不是我想要的生活。"成杰第一次走出山外，就带着一颗失望的心再次回到小山村。然而，心如断线的风筝，一旦放飞，再难收回来。

第二次走出大山，是成杰17岁那年。

那一年，少年成杰偶然在收音机里听到一个"致富之路"——制造洗衣粉。那个广告在少年成杰眼前描绘出一幅美妙的蓝图。少年成杰没有听从父亲的劝告，自己借钱再一次跋涉去成都。然而少年万万没想到，世路艰险，远不如他想象的那般美好、顺利。那个"致富之路"不仅一口吞掉了他辛辛苦苦借来的5000元巨款，也几乎吞掉了他对成功的向往和信心，以及对未来的梦想和追逐。

第三次走出大山，已是2001年春节之后，2001年2月16日，少年成杰深深记得这个日子。因为那一天，19岁的少年成杰在离开家乡时发下了誓言：我成杰不干出点成绩来，决不回家！

这次走出大山的目的地，是四川绵阳。

……

沉浸在回忆中的成杰父子俩，时而唏嘘，时而感叹，时而静默。

成杰紧握着爹的手，不无愧疚地说："爹，杰儿没出息，到今天也没闯出个什么名堂来，还让爹娘过着苦日子。"

爹怜爱地摸摸成杰的头，"傻杰儿，外头的世界哪有那么好闯啊，慢慢来，爹相信杰儿是个有出息的男子汉！”

在对昔日共同的回忆与对未来共同的期许里，父子两颗心贴得更紧了。

成杰睿语

人生没有经历痛苦就不会强大，
人生没有经历牺牲就不会重生！
挫折其实是迈向成功应该缴的学费，
苦难是人生最好的商学院。

—— 伟大的演说家都是从免费演讲开始 ——

原本准备过了元宵节再走，然而到了初八，看看父亲伤势已经好转许多，成杰便告别亲人，再次踏上了去绵阳的路。

在简陋的慢车车厢里，成杰并没有觉得漫漫难熬，他透过玻璃窗望着远处一抹黛青的远山和远山之间缭绕的岚霭，默默在心里做好了未来的初步规划——无论有多艰难，一定要在自己热爱的教育培训行业坚持下去！

而要在教育培训行业脱颖而出，当务之急，就是要提高自己的演说水平。可是怎样才能在最短时间内迅速提高自己的演说水平呢？这是成杰最迷惘的事。虽然自己从前在卖书的时候演说过，但那几乎完全是自己瞎比画，算不上真正的登台演说。后来在张广如老师的培训公司里，也常常有上台分享的机会，但因为人多，往往自己也分享不了一两分钟就要下来。他想来想去，自己似乎还从来没有站在演说台上进行一次真正意义上演说的经历。

回到绵阳之后，成杰仍然在如何快速提高演说水平的问题中徘徊着、思索着。他想，要想快速提高演说水平最好的办法就是实战，可是这时候的他，没有知名度、没有文凭、没有经验，几乎是一无所有，这种情况下，有谁会请他去演说呢？他想，反正目前还找不到合适的平台，就先自己练习起来再说吧。

离他住处不远的地方，有一座不高的小山，山顶有一座小小的破旧亭子，因杂草丛生，少有人去。以前他经常去那里爬山锻炼身体，现在他决定每天早晨爬上山顶去练半小时演说。

很快，元宵节到了。

那天晚上，整个绵阳城鞭炮声声，灯火辉煌。成杰吃了一点简单的晚饭之后，内心落寞地爬上了小山。成杰裹着衣服，坐在小亭子里，望着山下的绵阳城从灯火璀璨一直到灯火阑珊，从鞭炮声炒豆似的噼啪不息到寥落无几。那一夜，他没有下山，在亭子中和衣睡着了。

清晨，他在熹微的晨光中孤独地醒来。

东方的天空，由鱼肚白渐渐变得有了一点点色彩，他知道那浓重的云翳下面，是一轮正在挣扎上升的红日。

起先云翳无情地遮住太阳，但太阳仍然不屈不挠地奋力往上攀升，慢慢地将云翳镶上了金边，再慢慢地将所有的云翳都染成了五彩斑斓的朝霞。

太阳仍在执着地上升、上升。

终于，它在最后一刻挣脱所有云翳的阻挡与束缚，喷薄而出！万丈光芒照耀万里山河！

成杰被眼前的壮丽、壮美、壮观的景色震撼了！他呆呆地站在那里。他回想着太阳奋力挣脱云翳而光芒四射的瞬间，心里充满了激情与感动。他蓦然感觉这是否正是上天给他的启谕呢——是啊，我也要像那轮勇敢的朝阳一样，挣脱困境的云翳，我无论如何都要在教育培训行业里坚持下去，要做那个在演说行业里“剩者为王”的人！

人生是一场马拉松，努力就是它的护身符，而幸运，就是这个护身符所生发出来的光芒。

孜孜以求的成杰，终于迎来了他人生中的一道阳光——演说家陈再华老师走进了他的生活。

陈再华以前是一名中学语文教师，后来出版了一本书，在绵阳乃至全省的上百所学校开展名为“成功的起跑线”“快乐学习”的演说，很受中小学生的欢迎。

一天成杰的一个朋友小钟来找他，说到陈再华这个名字，并说知道陈再华老师现在正在哪所学校演说，马上带成杰去了那所学校。

就这样，成杰认识了陈再华老师。看了陈再华老师的演说运作模式，成杰觉得自己也可以这样做，他决定效仿。可是陈再华老师有自己的文章，可以结集成书，而自己呢？这时小钟一句话点醒梦中人，他说：“我记得你有写日记的习惯啊，你可以把日记挑几十篇修改润色一下成为一篇篇文章，然后结集起来，不就可以了吗？”

于是成杰花了一个多星期时间，从几百篇日记中优中选优，挑出五十篇日记，修改、增添、润色之后一看，可不就是50篇像模像样的文章嘛！不过这样的文章要想出版社正式出版是几乎不可能的，陈再华老师就给建议说要不直接找个印刷厂印刷就可以了，这样也可以节省不少钱。

但就算是直接印刷也得要好几千块钱啊，成杰根本拿不出这一大笔钱。窘迫之际，成杰想到了李显耀大哥。李显耀很痛快，立即借给了他几千块印刷资金。

当成杰把成摞成摞的书从印刷厂搬回来时，他的内心充溢着鼓胀的激动——马上就要进行自己的演说梦之旅了，他能不高兴吗？

然而，现实却给了他兜头一瓢凉水，不，是一桶冰水，冷彻心肺——他骑着一辆破自行车，去绵阳各所学校推销自己的演说，而且他跟学校说是公益演说，也就是不收任何费用的。他坚信，伟大的演说家都是从公益开始的。

他天真地以为，免费给同学们演说，学校肯定是张开双臂欢迎的。然而，他万没料到，跑了几十所学校，没有一所学校答应让他演说，都是冷冷地拒他于千里之外，甚至有的就干脆不给他说话的机会就把他轰出了办公室。

人家问："你讲的主题是什么？"

他答："迈向成功之路。"

人家上上下下打量着他，语带讥诮说："讲成功？你自己成功了吗？等你成功之后再来现身说法吧！"

这样的拒绝他不记得经历了多少次。每次当他被拒绝之后，骑上破自行车离开的时候，他都能感觉到背后有很多双讪笑的眼睛在盯着自己单薄、瘦弱的背影。内心有悲凉、屈辱的感觉如蛇一样"咝咝咝"地爬遍周身，让他不由自主地大热天里打起了寒战。

在他快要陷入绝望的时候，他想到了霍金，那个全身只能动两个眼珠和一个手指头的人。如果霍金绝望了，那么这个世界上就少了那本伟大的《时间简史》和伟大的宇宙论。

在他快要陷入绝望的时候，他想到了曼德拉，那个在监狱中被囚禁了27年的人，如果曼德拉绝望了，就永远不会有南非人民的民主和自由。

成杰知道，越是在濒临绝望的时候，越是不能停止努力，越是要增加自己生命的厚度和强度，这是一个不断增加能量的过程。

成功的路是崎岖的，但成功的路上并不拥挤，因为真正能够坚持到底的人太少了。幼嫩的小草往往在巨石的重压之下产生惊人之力，顶开巨石，看到头顶的艳阳与蓝天。

成杰挺直脊背，继续奔波。终于，两个多月后，成杰用整整跑了十趟校长办公室的执着感动了绵阳创业学院的校长，校长答应给他一个演说的机会。

然而就是这样一个演说机会也是前后更改了三次，前两次因为学校临时有活动取消了他的演说，最后一次约定演说的上午，突袭狂风暴雨，学校打来电话准备取消演说，下次再约。但成杰恳切而斩钉截铁地说："不，不能取消，我们已经约了三次了，这次不管多大的雨多猛的风，哪怕是下冰雹下刀子，我也要如期举行演说！"听到他如此坚定的声音，对方犹豫了一下，说："好，那就还按原计划准时开始！"

那是成杰人生中第一场校园演说。学校大礼堂外面大雨滂沱，室内却激情盎然，面对着300多名学生，成杰付出他全部的热情，每一句话、每一个肢体动作都全心对待。

这个机会他等得太久太久了，这个机会他争取得太不容易了！

他就像一个在沙漠中焦渴难当的迷路者，历尽艰辛终于扑倒在一汪清澈的湖岸边，他的心里充满珍惜、充满激动、充满感恩，他用尽全身的每一丝力气虔诚地捧起那掬甘甜的清水……

一个半小时的演说结束，台下响起了经久不息的热烈掌声，伴随着同学们发自内心的欢呼声。

那一刻，他的内心翻涌如潮，眼眶润湿。

他的内心不禁响起那首《掌声响起来》——“孤独站在这舞台，听到掌声响起来，我的心中有无限感慨。好像初次的舞台，听到第一声喝彩，我的眼泪忍不住掉下来，经过多少失败，经过多少等待，告诉自己要忍耐……”

由此，他拉开了在西南地区校园公益演说的序幕。

这时候的成杰，深刻理解了一个成语的含义，那就是“势如破竹”。

是的，“今兵威已振，譬如破竹，数节之后，皆迎刃而解”。不到半年时间，成杰以破竹之势在西南地区近百所大专院校进行了公益演说，平均每一天就有一场演说。

一时间，成杰俨然成了西南地区校园里的名人。

成杰睿语

一个人能经受住多大的打击，才能干出多大的事业。人生不如意事十之八九，也许我们不能改变世界，却可以改变自己，让挫折变成大海里的一滴水。内心强大，则世界辽阔。

—— 寻找“马太效应”的正效应 ——

成杰是一个一直将“学无止境”四个字奉为圭臬的人，即使是在繁忙的公益巡回演说过程中，也从未停下学习的脚步。每天演说回来，他都要学习上一两个小时才休息。

一天，成杰像往常一样读书。忽然，书中那一句话，仿佛一道微弱的阳光，透过沉重现实的罅隙照进了他的生活。那个概念他从前闻所未闻，感觉很新鲜，很震撼，那个概念就是“马太效应”，指强者愈强、弱者愈弱的现象。

他一直非常纳闷一件事情——为什么那些幸运的人好像一直都很幸运，而那些不幸的人却一直在人生的泥淖中挣扎，幸运之神似乎将他们遗忘在角落里。他一直不明白这究竟是为什么。

直到这一天，他从书中明白了“马太效应”的含义，他才恍然大悟。

马太效应，让人强烈地感受到“就命运而言，休论公道”这句话的残酷性。那些豪门贵胄口含金钥匙出生的人，一辈子不稼不穑，不劳不碌，却享尽锦衣玉食，香车宝马，那些高层次的社会资源、人脉资源他们唾手可得。而那些出身贫贱的人，一辈子含辛茹苦，历尽辛酸，往往还是食不果腹，衣不蔽体，这还不算，他们往往还要经受疾病缠身的痛苦。

中国古代哲学家老子很早就意识到了这个问题，他说："天之道，损有余而补不足。人之道则不然，损不足以奉有余。"

成杰想，村里人常说的"摔个仰天跤还蹭破鼻子""打呵欠扭了腰"这些村言俚语虽然鄙陋，但仔细咂摸，说的不正是这"马太效应"的负效应吗？

可是就因为存在着"马太效应"，我们就认命了吗？不努力了吗？当然不是。既然马太效应有负效应，相应的，它也就有正效应。

书上不是说了吗？处于不利环境的人，要想打破这个马太效应负效应，就要千方百计想尽办法让自己向好的方向发展，必须发挥聪明才智，坚持不懈、不畏艰险去获得精神或物质上的强大；强大之后就会更加强化一个人的积极主动性，就会吸引对自己更有利的各方条件，让自己更强。这样根据马太效应原理，负效应就会慢慢转化成正效应，就会在不断变强的过程中越来越强！

至此，成杰忽然对许多以前觉得不解的现象茅塞顿开。那么，如何让马太效应成为自己人生的催化剂而不是绊脚石呢？成杰记住了四点建议：

一、要避免马太效应对人生的负面影响，就需要学会激流勇进。

二、要明确自己的人生定位，树立清晰坚定的目标。

三、通过自己的努力和优化，逐渐获得好资源、好平台。

四、一定要保持好心态，让好心态成为好运气的吸金石。

成杰原本感觉雾霾密布的人生，顿时有了一种云开雾散、豁然开朗的感觉！

对，一定要十倍、百倍、千倍地努力，让自己逐渐变得强大起来，这样才能让马太效应的正效应为自己服务，而不要让负效应将自己拖向人生的深渊。他感到内心忽然涌动着一种喷薄欲出的力量，他的内心深处回荡着一声声强烈的召唤，他要为自己的人生强大而不懈奋斗！

在完成学校公益演说之后，成杰决定开始转战企业。有了学校演说的基础和影响，约企业就变得容易多了。

但演说强度的陡然加大，对体力与精力都是一个很大的挑战。这样高强度的演说都是免费的，而且费时、费力、费钱，这时候就有人笑他“傻”，说他不值得。

但成杰不这样想，他清楚他内心所想要的。他记得从前听过一个有关于“毛竹”的故事，那很适合此刻的自己。

毛竹是一种生长在中国南方的竹子，农民播下种，几场雨之后毛竹就萌芽了，可是无论农民怎么悉心照顾，这毛竹4年都长不过3厘米。有外地人看到这种情景就说毛竹长这么慢，农民真傻，为什么不种别的长得快的东西啊。但农民笑而不答。

到了第五年，这些竹子突然以每天足足30厘米的速度快速生长着，只需用6周时间它就长到15米甚至更高，瞬间平地就长出一片郁郁葱葱的竹林！

瞠目结舌的外地人这才知道，前面4年毛竹虽然只长了3厘米，但那4年是毛竹深深扎根的过程，它的根在我们看不见的土壤里可延伸数百米！当它扎稳了根，足以汲取丰裕的养料之后，它就会以喷薄之势傲立山川！

成杰喜欢以毛竹自喻，有的人说他像个拼了命努力却似乎得不到回报的“傻小子”，但只有他知道自己不“傻”，自己是在扎根，扎很深很结实的根，自己是在蓄积力量。他坚信有一天，力量蓄够，他会一冲而上，达到别人难以企及的高峰。

而成杰这个“扎根”的过程，真的是太艰难。

校园演说近一百场，企业演说六百多场，都是免费的，最多就是演说完毕，能够卖出一二十本书，然而这只是杯水车薪。演说期间他没有工作，没有收入来源，生活相当拮据，为了省钱，演说的地方无论多远，他都舍不得坐一次车，都是骑着自己的破自行车艰难地赶过去。

尤其是在企业演说，一天一场、两场、三场，最高纪录是一天之内分别在不同的企业讲了七场。往往是完成当天最后一场演说时，已经是深夜甚至凌晨了。骑着自行车回到宿舍，喝点水，泡包方便面，累得洗都不想洗，一头栽倒在床上就睡过去了。

清晨5点，床头小闹钟无情地催他起来，开始又一天紧张的公益演说之旅。无论多困，他都必须要早点起来，因为收拾准备、要骑车过去，还要提前熟悉场地。

这样高压的演说岁月他整整坚持了近一年半！这不是一般人能够挺得下来的。成杰之所以再苦再难都咬紧牙关挺住，是因为他坚信这个世界上没有失败，只有放弃，只要不放弃，只要坚持到底，就总会看到成功的希望。

他的脑海中始终有一个信念：我一定会在教育培训行业成功！果然，著名的马太效应正效应来了。

2004年1月16日，那是一个星期天，成杰一直深深铭记着这个日子。因为那一天，他平生第一次进行了收费演说。

那周周五的晚上，他结束了企业演说回到住处，接到一个电话，是一个美容机构的老总田总打来的，她说："成杰老师，我们想请您给员工做一天的培训演说，可以吗？您的收费是多少？"

这是平生第一次有人问自己演说收费是多少，成杰当时激动得心在咚咚直跳，其实他自己也不知道应该开多少价钱，但这件事对他来说是里程碑式的，不管多少钱，他都乐意去演说。于是他回复对方："大家都是朋友，田总您说个价钱吧！"电话那边试探性地说："要不，就400元吧……"

一天400元，虽然不算很高，但对演说第一次收费的成杰来说，已经非常满足了。他当即答应了田总的培训邀请。

可是一个大难题立即摆在了成杰面前，他之前的一年半无论是校园演说还是企业演说，最多不过是两个小时，都是早早准备好的演说内容，练习得驾轻就熟了才去演说的。如今却突然被要求讲一天，这可如何是好？他顿时没了方向，接完田总电话的那一晚他都没睡好，苦苦思索解决办法。

当熹微的天光映亮这个小小的出租屋时，成杰脑中忽然灵光一闪，他马上拨通了贵人李显耀的电话，他知道李显耀经常给自己公司员工们做一些培训，这方面一定非常有经验。

这是周末的凌晨5点，李显耀及家人肯定都还在睡梦之中，但成杰已经顾不得那么多了，明天就要培训了，只剩今天最后一天准备，再不抓紧就来不及了。他相信李显耀知道事情原委之后，不会责怪他。

果然李显耀让成杰马上去他家，他们一起商议一下明天的培训。商议的结果是成杰明天讲上午半天，李显耀作为特约讲师讲下午半天。成杰思考了一下，在自己两个小时的演说基础之上，穿插一些自己的销售经验和心得，差不多一上午就能够应付过去。

第二天的培训效果好得超出他们的预料，田总非常高兴，当即表示还要把成杰介绍给其他企业家朋友做培训。

有了如此多的演说与培训的实战积累与铺垫，成杰的内心鼓荡着一股汹涌的豪情——他想拥有一家自己的教育培训公司，拥有自己的教育培训品牌！

一无资金，二无场地，自己连住处都是一间简陋的小出租屋，在旁人看来，成杰简直是在做白日梦。

可是只要有梦，就算是白日梦也是好的啊！

成杰睿语

没有尝试，就没有成功；

唯有面对困难，

才会激起更高一层的决心和勇气。

第四辑

灵魂被唤醒

—— 站上培训巨人的肩膀 ——

2004年7月，当成杰把“成杰教育培训机构”的公司铭牌挂在自己办公室墙上的时候，那一瞬间他甚至觉得有一种不真实的恍惚感！

一间空空如也的办公室，4张办公桌，8张椅子，这就是成杰教育培训公司最初的模样。但即便如此，成杰还是开始了像模像样的招聘程序。他先招了5名业务员协助自己开始推销课程。所有人都是新手，一切都要摸着石头过河，但就是有那一股一往无前的勇气和冲劲。

两个月后，成杰主办了第一场培训课，他们约来了100多人，门票每人50元。这一场培训课，课程没卖掉多少，反倒亏了1000多元。

万事开头难，成杰鼓励自己。1个月后，他又重整旗鼓，主办了两天一夜的第二场培训，约来了70多人，每人门票200元。这次的培训效果，也未能达到成杰的预期。

成杰仔细思忖，觉得自己的运作模式和大方向应该没有错，但究竟问题出在什么地方呢？是时候要向教育培训界的同行们、前辈们请教请教了。

周末，成杰邀请了数位教育培训界的同行朋友在一家茶室一边喝茶一边取经。成杰的朋友胡中华带来了一位名叫陈武的朋友，听说陈武是专门做职业规划的。

几个人聊得非常投机。陈武也了解成杰一路奋斗的艰辛，他推心置腹地告诉成杰："你现在这样的单打独斗很难成功，说句大实话你别往心里去，现在你要资金没资金，要资历没资历，最关键你现在的名气还不足以撑起你的事业。在这个行业里，名气很重要，人们选择课程，往往最先看看这是谁的课程。如果是名家的，就算价格不菲，也是一票难求；如果籍籍无名，就算免费请人来听，都难。"

陈武是一个很坦诚的人，他抿了一口茶，又说："所以，成杰，你要在培训行业里成功，就先要有一个优质的平台，这个平台可以给予你自己目前不能具备的各种硬件及软件条件，你在这个平台上好好历练，历练出能力然后脱颖而出，你的名气自然而然就会水涨船高。从自己的经验上爬起来的人，是普通人，成功都是懂得吸取别人的经验，站在巨人的肩膀上，借力而起，借势而上。"

陈武的话在成杰听来真是声声入耳，句句入心。

胡中华又说："一个人要想成功，必须要经历三个步骤，一是为成功者工作，二是与成功者合作，三是让成功者为自己工作。你现在当然还没有到第二步和第三步，现在你要做的是第一步，为成功者工作，借成功者之力不断提高自己、完善自己、丰满自己的羽翼，待时机成熟之后你就可以展翅高飞了。"

“可是，要找一个这样的成功者谈何容易！”成杰有点纠结地说。

胡中华说：“就目前来看，环视中国教育培训界的成功者，聚成培训可算是一个，可以说目前中国大陆还没有哪家培训公司能够出其右。那是一个大平台，你与其自己瞎撞瞎打，倒不如先加入聚成，学习其成功经验，为自己以后的独自创业打下坚实的基础！”

成杰听得兴奋起来，赶紧说：“聚成我知道，但聚成总部是在广东的。”

“我们绵阳就有聚成的分公司，你可以先加入进去。”胡中华说。

胡中华一席话不啻于醍醐灌顶，成杰顿时感觉神清气爽，眼前一片明朗。

2005年3月31日，成杰凭借自己过硬的素质，击败众多竞争者，顺利通过几轮面试进入聚成绵阳分公司。成杰始终记得自己来聚成的使命，那就是多多磨砺自己和提高自己，凭借自己出众的能力成为一位脱颖而出的“明星”，这样才能积累足够坚实的资本和条件为今后自己的独立创业打下基础。

入职15天，成杰就以遥遥领先的业绩引起聚成绵阳公司领导的重视，把他从一位入职时间最短的业务员直接任命为营销部经理。

俗话说，强将手下无弱兵，兵熊熊一个，将熊熊一窝。接下来的三个月，从前有点懒散疲沓的销售部在猛将成杰的科学指挥和带领下，士气大振，精神风貌焕然一新。

成杰带领着自己的团队，迅速攻城略地，出单率相当高。

—— 惜别绵阳，进军金陵 ——

2005年9月，聚成南京分公司成立。

新的公司，万事开头，一着不慎，会导致满盘皆输，所以一定要物色一位能够担当起这个重任的人选。像成杰这样和璧隋珠的人才，不可多得，公司高层早就留意到他了。

所以南京分公司一成立，一纸调令就即刻下达：聚成绵阳分公司营销经理成杰调任南京分公司担任营销经理一职！

成杰接到调令的那一刹那，他的心情用一个词形容是最妥帖不过的，那就是：喜忧参半。

成杰从小到大迄今为止去过最远的地方就是绵阳了，西昌属四川省，绵阳也属于四川省，所以迄今为止成杰还没有出过省。此次能够有机会去一个大都市工作，也是一次不可多得的机遇啊，而且这个大都市早就如雷贯耳了。

“五马人生最贵，金陵自古繁华。”这个美丽而古老的名字不知多少次出现在成杰读过的那些书里面，他曾经无限向往这个遥远的六朝古都。在他喜爱的古诗词里面，“金陵”这两个美丽的字眼是无论如何都绕不过去的。

他的脑海里又浮现出李白的《登金陵凤凰台》，那是他在读小学时就已经背得滚瓜烂熟的诗句：

凤凰台上凤凰游，凤去台空江自流。
吴宫花草埋幽径，晋代衣冠成古丘。
三山半落青天外，二水中分白鹭洲。
总为浮云能蔽日，长安不见使人愁。

还有韦庄的《金陵图》，他也极喜欢：

江雨霏霏江草齐，六朝如梦鸟空啼。
无情最是台城柳，依旧烟笼十里堤。

人生真的是有无限的可能。成杰那时候背诵这些关于金陵的古诗的时候，只是觉得它们有着无以言说的美，何尝想过自己有朝一日竟然真的会去那个遥不可及的金陵城工作啊！

金陵城，这三个字，单单从嘴中轻轻念出，就觉着口角噙香了。还有那石头城墙、乌衣巷口、秦淮灯影、鸡鸣春晓、台城夕照……哪一个拈出来不是一首清新的诗？

成杰还记得很早就读过俞平伯的《桨声灯影里的秦淮河》：

秦淮河姑娘们的靓妆，茉莉的香、白兰花的香、脂粉的香、纱衣裳的香，微波泛滥出甜的暗香。随着她们那些船儿荡，随着我们这船儿荡，随着大大小小一切的船儿荡。凉风凉月之下，我们背着秦淮河走去，悄默是当然的事了。如回头，河中的繁灯想定是依然，而我们却早已走远……

那时候，成杰对这些句子里的场景是多么沉醉啊，想着秦淮人家，想着桨声灯影，何日能在那秦淮河里沐着灯影，泛着轻舟，欣赏沿河如画风光呢?

何况，金陵还有一位女诗人李清照呢!

“成杰”这个名字就是取自李清照的诗，去金陵，就如同是去拜会他崇仰的女诗人。

记得10来岁时，在校长宿舍里，夜深人静，外面下着淅沥冷雨，他被这位与自己相隔800多年的女词人感动得想哭：

寻寻觅觅，冷冷清清，凄凄惨惨戚戚。乍暖还寒时候，最难将息。三杯两盏淡酒，怎敌他，晚来风急！雁过也，正伤心，却是旧时相识。 满地黄花堆积，憔悴损，如今有谁堪摘？守着窗儿，独自怎生得黑！梧桐更兼细雨，到黄昏，点点滴滴。这次第，怎一个愁字了得。

那时候，清寂的长夜，读着这样的诗词，成杰想起患着肺气肿的父亲背自己过河上学，想起母亲瘦弱的身体还在辛苦地干农活，他的眼眶就红了。

时光飞逝，今天的人们读了这样的句子，也不禁为之心惊与恻然。六朝金粉，繁华依旧。在那片土地上，已经轮流替换过无数场景，朝代更迭，仿佛海面上的泡沫浮浮灭灭。而今，成杰即将赶赴那片神奇的土地，在一个更大的世界里为他的梦想打拼了。他怎能不激动？怎能不欢喜？然而，接到调令的那一晚，他竟然辗转反侧无法入睡，心里有着浓浓的依依惜别之感。是的，他舍不得绵阳这座城市。

他永远忘不了那一天，2001年2月16日，19岁的他，带着一张稚气未脱的面庞，带着仅有的560多元钱和一个简陋的小行李包就出发了，而目的地，就是这座城市——绵阳。

时光荏苒，如今四年多时光就这样悄悄溜走了。四次寒暑易节，四轮春夏秋冬，这个城市带给他太多太多抹不去的回忆。

忘不了，在突降大雨的雨夜被城管追得面如土色，仓皇逃窜；忘不了，在炎炎烈日下安装空调打冲击钻，手上鲜血滴落却浑然不知；忘不了，接到父亲摔伤消息的那一夜，内心的焦灼与痛楚；忘不了，联系学校演说被生硬拒绝，骑在破自行车上身后鄙夷的目光让他如芒在背；忘不了，在聚成任营销经理的他，带领部下“攻城略地”时的意气风发……

这座城市，给过他伤痛，给过他失意，给过他泪水，也给过他欢欣和喜悦。

他在心里说：绵阳，绵阳，绵阳！以后无论我成杰去向哪里，无论我走向何种高度，你都会一直深深烙印在我的生命里，永远不会忘却。

临去南京前，从前的几个好友为他饯行。席间，大家依依惜别，都纷纷赞扬成杰过人的业务能力，在绵阳公司半年，为公司立下汗马功劳。

席上，成杰的一位老客户蒋晓军举杯说：“成杰这个小伙子不简单啊，我是一步步看着他成长到今天的，他有很多优秀的品质，比如勤奋、执着、努力、敢于挑战自己。我每次看到他的眼睛，他那个眼神仿佛告诉我，成杰将来一定会有大成功。明天，他就要离开绵阳去南京了，去到一个更大的舞台，我们大家一起来祝福他拥有更加辉煌的明天，干杯！”

成杰也举起了杯，杯中琥珀色的啤酒盈盈荡漾。他很感激蒋总当众给自己这样高的评价和诚恳的鼓励，这是给予自己的巨大精神力量。

成杰的内心鼓起风帆，拥有了更多的自信驶向未来，驶向那个陌生而遥远的城市——南京——金陵。

第二天，成杰就乘上了火车，从绵阳至南京要横跨中国五个省，最后一站是江苏省南京。

在南京，成杰担任南京聚成公司营销经理，需要开拓全新的陌生市场，成杰的市场开拓能力再一次得到了验证。短短几个月时间，南京分公司的业务增长就取得了可喜的成绩。

每天成杰像卯足了劲的发条，早上5点钟不到就起床洗漱收拾，出去锻炼，回来吃早餐，吃好早餐7点钟到公司开营销早会。虽然公司的上班时间是8点钟，但他要求营销部所有下属必须每天早晨7点钟就要到公司开早会。

他曾经看过一个调查，说在那些靠白手起家自力更生成为百万富翁的人中，有一个几乎共同的特点，那就是：早起。他们往往会在正式上班时间前三小时起床。这样做的好处是，在别人还没有开始工作的时候，你已经完成了很多工作，这样的感觉会让你觉得牢牢掌控了自己的生活，非常有成就感和安全感，给自己一种主导自己生活的自信感！

成杰从自己的亲身实践中认为这样的说法非常正确。

开完早会之后的营销部员工，情绪高涨，干劲十足，个个如猛虎下山，全身心地投入到与客户的联系沟通当中。业绩节节攀升所带来的最直观的结果，就是成杰的收入跟着水涨船高。

2006年1月初，成杰的收入首次破万！他第一次乘飞机从南京飞回西昌过年！

在外漂泊了这么些年，他第一次有了一点“扬眉吐气”的感觉。他给自己买了一身挺括的新西服，给父母亲各买了一套新衣裳，还买了一床非常暖和柔软的高级鸭绒被。父亲有肺气肿，最怕着凉，母亲身体也不壮实，晚上睡觉盖着这个，暖和。成杰给姐姐一家人也都各自带了礼物。

父母亲看见高高帅帅、气宇轩昂的杰儿，接过杰儿给他们买的礼物，嘴上虽然嗔怪怎么乱花钱，可是却笑得合不拢嘴。

这个春节，他不再像以往回家过年就躲在家里不出门，而是跟着父亲在村子里走走亲戚，串串门，人们眼中流露出来的是尊敬和艳羡的目光。

父亲佝偻的腰身仿佛一下子变得挺拔起来。看到父亲舒心的笑脸，成杰在心里对自己说：成杰，你一定要继续努力，更加努力，为了自己，也为了亲人们！

2006年这个春节，是这么多年来成杰过得最舒心的一个春节。

2006年3月，成杰的月收入达到了15200元！这样的收入在当时不亚于一位外企高级金领的收入。

就在短短几年前，当他在酷暑烈日之下一张一张叫卖着报纸，当他在苍茫的夜色中被城管追撵，当他背着沉重的空调一步步艰难上楼时，他做梦也没想到，短短几年之后，他的月收入就过万了！

成杰的销售能力及团队领导能力在聚成南京公司彰显得淋漓尽致，公司上下也对他刮目相看。成杰并没有志得意满，而是不断在人生路上勇攀高峰，他感觉自己的销售能力与团队领导能力虽然得到了发挥，但是研讨会讲师对于他来说还是一个比较陌生的领域，他需要全新的尝试。

如果说平时业务员与客户的销售模式是一对一销售的话，那么开研讨会，通过研讨会演说销售，这种模式就是一对多销售。这种销售方式如果掌握得好，往往事半功倍，效果惊人。

在成杰的努力申请之下，公司由最初的担心、犹豫到后来最终答应让他尝试一下研讨会演说师的角色。研讨会日期定在一个月后，名称是“人才战略总裁研讨会”。

因为在这之前成杰从未涉足过研讨会演说销售，所以不像平时做传统销售时那样成竹在胸、胜券在握，但他坚信自己一定可以。这样的自信来自平日刻苦的训练。每天做完日常的销售工作回到住所，他都要至少练上1个小时，内容、手势、语气、语调，字字句句，都要经过千锤百炼。

一个月后，成杰迎来了他人生中首次召开研讨销售会的日子。

他的心情激动、兴奋，还有点紧张、忐忑，研讨会晚上7点开始，他下午3点就到了研讨会现场，仔细地检查所有准备工作，设施、演说台、灯光、音响，任何一点都不能有疏漏。检查好之后，他就对着空空的会场认认真真地演练起来。

然而，第一次研讨会就给了成杰一个不小的“下马威”。

研讨会开始时间是晚上7点，然而到晚上6点钟才来了5个人。以往研讨会的讲师大多是在讲师界具有一定的名气，而且有自己相对固定的客户源，再加上成杰第一次讲研讨会，业务员不太敢把客户拉进来，担心如果万一讲得不好，就会出现一堂研讨会把客户“讲死”的现象。

晚上7点，虽然台下最终只来了9个人，但研讨会还是准时开始。成杰以饱满的精神状态开始了他人生中第一次研讨会销售演说。

偌大一个会场，只有寥寥9个客户坐在台下，但成杰并未感到沮丧，毕竟台下还坐着9个人呢，他平时训练的时候，就算台下空无一人，他也照样激情四射。研讨会结束，台下九个人就有5个人当场报了课程，这样过半数的报课概率，是研讨会现场销售十分难得的。

万事开头难。经过第一次研讨会之后，慢慢地，成杰的研讨会以他的精彩与高水平慢慢传播开来，有不少客户慢慢慕名而来，业务员们也乐于将客户请到他的研讨会上来了。

短短半年，成杰就跻身于聚成优秀研讨会讲师之列。

教育培训行业是一个竞争异常激烈的行业，成杰的优秀渐渐为人所知后，各种各样的机会或者说诱惑就逐渐向他靠拢。这其中有同行的高薪挖角，而更多的却是那些上了他的研讨会的总裁们，感佩于他的奋斗精神、领导能力和过人才华，真诚高薪聘请他加入他们企业担任高管，但成杰都一一婉谢了。

因为成杰非常清楚自己心里究竟想要的是什么，他的梦想就是要做一个影响世界的演说家和企业家，他一生的舞台就是教育培训行业，他永远不想也不可能偏离这个轨道！

一个人要清楚自己真正想要的是什么，人生的方向是什么，终极的理想是什么。只有明确并坚守自己的梦想和方向，才不会被外界的诱惑牵引从而偏离正确的人生轨道。

每个人一生中都会遇到各种各样的诱惑，能在诱惑面前保持一份理性与定力，是成功者所要具备的第一要素。

可喜的是，没有一位发出邀请的总裁因为成杰的婉拒而“恼羞成怒”，相反，他们更加敬重成杰，敬重成杰为了心中的梦想一路执着的钉子精神。

成杰睿语

谦卑得人缘，感恩得人助。

用心去爱，

响应爱的召唤，让心灵在爱中丰盛。

用爱心做事业，用感恩的心做人。

—— 临危受命，勇闯上海滩 ——

在南京的一年多，成杰用自己的行动证明了他不只是业务开拓能力优秀，而且更具有演说销售的实力。

由于表现出色，2006年11月15日，公司经研究决定，将成杰调往聚成上海分公司担任培训总监兼研讨会讲师。事实上，此次成杰被调往上海，更多的是有几分“临危受命”的意味！

公司高层并不讳言这层目的，领导坦诚地对成杰说：“大上海是天堂，但天堂不好闯。上海历来是商家必争之地，同时也是教育培训行业竞争最为激烈的地方。在聚成进军上海之前，就有近十家国内甚至国际著名的培训巨头已经进驻上海，上海的教育培训市场，早已硝烟弥漫。想在如此竞争激烈的上海滩分得一杯羹，谈何容易！但公司看好你，你从绵阳到南京这短短一年时间，就做出了令人刮目相看的业绩。成杰，公司高层都很看好你，到了上海，一定要把在南京能啃硬骨头、能打大硬仗的精神好好发扬光大。好好干，公司相信你！”

就这样，成杰从秦淮灯影的金陵城又到了叱咤风云的上海滩。

来到上海的第一天，成杰难抑内心的激动，他一个人跑到外滩，看着黄浦江两岸令人目眩的美景，他觉得自己就像在做梦。他是真的做梦都没想到，短短几年，他一个大凉山小山村的懵懂少年，竟然真真实实地踏上了十里洋场。

第一次见识上海，是在他童年的时候，有一部电视剧叫《上海滩》，里面有英俊潇洒的许文强、温柔美丽的冯程程和痴情勇猛的丁力。

那时候村子里只有一户人家有一台12寸黑白电视机，那家孩子跟成杰差不多大，名叫阿东，一到天擦黑的时候，全村乡亲们都迫不及待地赶去阿东家看《上海滩》。

山里人淳朴，阿东的父亲就把吃饭的桌子搬到门前，把电视机放在桌子上，乡亲们就里三层外三层地围着看。其实隔远了就看不清画面了，但只要一听到那雄浑的旋律响起——“浪奔、浪流，万里滔滔江水永不休。淘尽了，世间事，混作滔滔一片潮流。是喜，是愁，浪里分不清欢笑悲忧……”所有人的心里都激荡不已！

他记得，当时谁家要是有一个印着上海外滩景色的人造革皮包，就非常了不起。要是哪个孩子吃到一颗大上海的大白兔奶糖，那可更是不得了的事。

而今天，成杰站在外滩，黄浦江水就从咫尺之距缓缓流过，浦江两岸的霓虹光在他的脸上明明灭灭。

他在心里对自己说：“这是个多么美丽而有气势的地方啊，我成杰一定也要在这个卧虎藏龙的地方闯出一片天地，成为一颗耀眼的上海滩明珠！”他甚至感觉到有一股豪情从脚底升起——“上海”，这曾经对成杰来说是那样遥远、神秘，甚至梦幻的两个字，今天，终于被他紧紧攥在手心里了！

然而当他来到聚成上海公司的办公室时，他的心慢慢冷静下来，他知道肩上的担子沉重如磐。与陈安之国际训练机构、超越极限等教育培训业巨头相比，聚成上海公司显得弱不禁风。从聚成进入上海到目前，已经换了三任总经理，都没能力挽狂澜、扭转颓势。从广东深圳起家的聚成教育培训机构，在珠三角做得风生水起，但到了上海这片土地似乎有些水土不服。

成杰冷静地分析了目前的市场形势，他认为：

第一，上海这个城市有其独特的海派人文环境以及市场规律，聚成的市场模式和管理风格都具有浓郁的粤地风格，用粤地风格在沪地似乎难以行通。

第二，因为上海市场实在太难开拓，所以调到上海来的管理层基本上没有在上海扎根的打算，这样就导致人浮于事，得过且过，没有尽最大努力。

成杰初来乍到，人脉方面是一片空白，在绵阳、南京多年积累的人脉几乎完全作废，现在要靠他一点一滴去积累人脉。

上海的生活成本与运营成本都远远高于南京。聚成上海公司的办公室位于寸土寸金的上海南京东路步行街。由于地处钻石地段，在南京东路步行街附近租房子居住实在太贵了，为了给公司节省一些成本，成杰就在地处大华新村租了房子。大华新村离南京路有不少距离，经常工作到深夜的成杰干脆不回住处了，就直接在办公室沙发上和衣睡一夜。

再则，聚成上海公司人才匮乏。人是一切之本，当务之急是要在自己麾下招募一批精兵强将，才能快速开拓市场，打开局面。

此时的成杰就成了多面手、万事通，要招聘人、管培训、拓市场、主讲研讨会……每天忙得连睡觉的时间都没有。

朋友见他如此辛苦，对他说："这是一个烂摊子，很难收拾好，也是一个烫手山芋，接了你会抓也抓不住、咽也咽不下，到时候局面打不开责任都在你头上。"

但成杰不这样想，他觉得有挑战才会有干劲，而且他觉得上海作为中国这条东方巨龙的经济龙头，是中国的经济、交通、科技、工业、金融、贸易、会展和航运中心，上海的世界地位决定了这项挑战的价值和意义。聚成如果放弃这样一个东方大都市，放弃这样一个潜力无穷的大市场，太可惜了。

在他的带领下，一个由几十位精干业务员组成的营销团队，拿出了在绵阳、南京开拓市场时的如虎干劲，不分昼夜地苦干、实干、巧干。

成杰知道，带领团队必须要懂得"攻心"，也就是激励人心，每一个领导者都是一个描绘梦想、制造梦想的高手。他抓住每一个机会给自己的营销团队打气鼓劲，让他们的士气一路高昂。

一天，成杰带领着团队外出开拓市场，很晚才往公司赶。已近深夜12点了，正值严冬时分，寒风凛冽，如小刀削着人脸，被风吹得摇摇晃晃的行道树将路灯昏黄的光晕摇曳得一闪一闪，就像一个疲倦的旅人欲闭未闭的眼睛。

正当大家都缩着脖子匆匆赶路时，被一个影子拦住了去路，大家定睛一看，原来是一个残疾人乞讨者。这个乞丐坐在一个小木板上，他咧开嘴，微笑着伸出手里的盘子说："先生们行行好，给点儿吧。"

成杰很好奇，问他："都半夜了，你怎么还不回去？"

乞丐说："因为今天的任务还没有完成，还不能回去。"

成杰问："你每天的任务是多少？"

"我有老母亲，还有老婆孩子，每天我起码要讨到100块钱才能养活他们，没讨到100块钱我不能回去。"

成杰摸了摸口袋，掏出10块钱放进乞丐的盘子里，其他人也都多多少少地给了些，乞丐的小盘子里很快就堆满了，成杰说："天太冷了，你回去吧。"乞丐点点头，把盘子里的零钱抓进背着的破挎包里，艰难地移动着小木板慢慢挪远了。

大家都站在原地，望着乞丐艰难的背影，默不作声。成杰说："如果我们有这种乞丐精神，我们还有什么事情做不成呢！"

成杰总结了五点"乞丐精神"：

一、订立目标。任何时候都给自己一个目标，这样才会有努力的方向，才能矢志不渝地向着目标前进。

二、乐观精神。无论情况多么艰难，都要始终面带微笑，抱着一颗乐观坚定的心，一定会达成目标。

三、不怕拒绝。面对拒绝，一笑而过，继续下一个目标。

四、勤勉努力。无论霜风雪剑，还是骄阳似火，都要不畏艰苦，勤勉努力，才能向目标一步步靠近。

五、坚持到底。不达目的不罢休，哪怕坚持到半夜12点，也要坚持下去，胜利就在前方。

实干、苦干、巧干，再加上过硬的心理素质，成杰的团队屡战屡胜，每次研讨会都能基本满员，每场研讨会的成交率都在7成以上，一次研讨会成交上百万更是屡见不鲜。

原本奄奄一息的上海聚成公司，不到半年时间业绩就大有起色，总公司高层非常振奋，向全公司发出嘉奖通知，并欲正式任命成杰高管职位。

这是多少人望而不得的事情。可成杰权衡再三，觉得自己虽然也精于管理，但是却志不在此，兴趣也不在此，他志在演说，兴趣也在演说。

他深深懂得钻石与光线的取舍道理，钻石与光线是最互补也最能创造精彩的伙伴。没有光线，钻石与一块普通的晦暗无光的石头无异，然而一旦有了光线的照射，钻石立刻就能发出璀璨的光芒，这也正如伯乐与千里马一样。

一个人在做事业之前，一定要定位好自己，也就是说，你究竟是要做那匹千里马还是做相马的伯乐？究竟是做一位明星还是做发掘推出这个明星的星探？同一个人不能同时身兼两个角色，如果定位不准确，很可能人生的方向就南辕北辙，更不要说创造精彩的人生了。

成杰主意已定，他把目标定在成为一个“超级演说家”上，目前聚成不缺讲师，但缺少顶尖的明星级演说家。

他的目标就是要做聚成200多名讲师中最卓越的那一个！

他自认为自己非常有演说天赋，形象气质也不错，如果专心打磨修炼一段时间，坚信一定可以成为整个演说界里一颗闪闪发亮的钻石。

总公司高层非常欣赏成杰的这种自信、果敢、执着的精神，欣然同意。同时告诉成杰：演说与营销密不可分，演说本来就是更高层次的营销，从繁杂的日常管理工作中脱身出来，专心致力于演说营销，对公司、对个人来说都是一件好事。

总公司的回馈让成杰非常振奋，他雄心勃勃地准备大干一场。然而他又是个一贯稳扎稳打的人，他非常清楚自己的演说虽然已经具备一定的功底，但是还远远不够。

那时他的演说正如一颗钻石原石，并不够璀璨，而要让它熠熠闪耀光芒，必须还要经过精细地打磨与雕琢，这样才能赋予它更加闪烁生辉的生命。

到那时，就算藏在暗处，也遮挡不住这颗钻石自身的灼灼光芒！

成杰睿语

一个企业家最大的破产不是企业的倒闭，而是梦想的毁灭、希望的消失、信念的坍塌。

—— 黄浦江畔，101天演说计划 ——

小时候成杰喜欢和小伙伴们一起去村口的河里钓鱼，钓鱼钓久了，他发现大凡离水不久便很快死掉的鱼，都是那些一离水上岸就拼命蹦跳的鱼。

而那些活的时间较长，甚至过了很久趁钓鱼的孩子一不注意，突然从篮子里跳回河里的鱼，大多是那些离水上岸之后略跳几次便安静下来，在宁静中保持实力的鱼。

后来成杰听村里一位钓鱼的长辈说，急躁蹦跳的鱼多是居于浅水之中的鱼，而那些沉稳保持实力的鱼多是深水之中沉潜的鱼。

成杰也要做那条在深水之中沉潜的鱼。

他做了一个韬光养晦的决定——要制定一个“对着黄浦江演说101天计划”。他要连续101天，每天面对滔滔黄浦江练习演说两个小时！经过101天的高强度训练之后，他相信再次复出的他，演说水平一定会突飞猛进，震惊所有人！

为了实行自己的黄浦江101天演说计划，成杰重新租了房子。

黄浦江边是一个绝好的大舞台，那里有来来往往的游客，站在那里演说，就仿佛置身于聚光灯下，置身于大庭广众之中，置身于天地之间。在那里，练习的不仅仅是演说，练习的更是胆魄与气势。

每天清晨，成杰5点半起床，洗漱好，做101个俯卧撑，然后带上一本书，慢跑三公里，穿过著名的外白渡桥，来到外滩黄浦江边，与他近在咫尺的就是黄浦公园、陈毅广场、外滩建筑群……东方明珠、金茂大厦的巍峨雄姿就在眼前，看着奔流的黄浦江，耳边响起那雄浑的旋律：“浪奔，浪流，万里滔滔江水永不休。”

他想起电视里的诸多风云人物曾经正是在自己脚下的这片土地上，龙腾虎跃，明争暗斗；而现实中也有诸多名人曾经在自己脚下这片土地或歌或泣，或悲或喜过。年轻的成杰站在滔滔黄浦江边，心里也波涛滚滚，他想自己在大凉山那个小山村时，何尝想过有朝一日能够站在上海这片神奇的热土上。

他暗下决心，一定要在上海站稳脚跟，谱写自己精彩的人生篇章。

他拿出书先读上几十页，再“咿咿啊啊”地练声十几分钟，用他自己的话说，这就是演说前的“预热”。预热完毕，成杰就对着滔滔黄浦江开始了激情四溢的演说。

晨练的人们几乎从来没有看到过这样的景象，他们纷纷好奇地走过来，想听听这个衣着齐楚的年轻人对着滔滔黄浦江水究竟在讲什么。

最初的几天，当成杰在演说的时候，眼角余光瞥到许多人纷纷走过来围着他的时候，他的内心短暂掠过一丝不安和害羞。但他迅速调整好自己的状态，他告诉自己，这是锻炼自己心态的极好机会，并没有什么不好意思的，只要我演说得好，就不怕围观。

果然，当他演说告一段落的时候，常常会听到人群中有人鼓掌，并且有赞誉之语。他还清楚地记得一位晨练的老大爷竖起大拇指说：“小伙子，有胆量，讲得不错！我年轻时也喜欢演说，可是就因为缺少你的胆量和魄力，后来放弃了。好好干，小伙子有前途！”

每当这时，他的内心都会涌起一股感恩之情。回想自己这么些年在外打拼，虽然也遇上一些不好的人或事，但多数遇到的还是好人，在他困难甚至绝望的时候，那些好人们向他伸出了温暖的援助之手。

坚持每天黄浦江演说两小时，一共持续了两个多月，上海的黄梅雨季就来到了。

一天半夜，成杰听到窗外“哗啦哗啦”大雨滂沱，他想这么大的雨明天怎么练习演说呢？但转而又想，到了天亮说不定雨就停了。

天亮的时候，他准时起床，打开门一看，雨虽然比半夜小了很多，但还是挺大，出去肯定会淋成落汤鸡。他犹豫了，出去还是不出去呢？

伟大的毛主席说过的一句话又回荡在成杰的耳边：“苟有恒，何必三更起五更眠；最无益，只怕一日曝十日寒。”中国共产党创始人之一董必武也说过：“逆水行舟用力撑，一篙松劲退千寻。”想到这里，他披上一件雨衣，深吸一口气，跑进了茫茫雨雾中。

到了黄浦江边，因为下雨，不能带书朗读，他就背诵了十几首古诗，练完声之后就开始了演说。

此刻的黄浦江两岸，一片雨雾茫茫，没有一个晨练的人，成杰可以尽情大声演说。他更加充满激情地演说着，耳边“哗哗哗哗”的风雨之声仿佛是为他响起的热烈掌声。

那一刻，他感觉整个世界都是属于他的，他的内心充溢着喷薄欲出的激情与热望，他感觉在今后的人生中，他也能够在命运的风暴中顽强奋斗，无论是美女的歌声还是猛犬的狂吠，无论是鳄鱼的眼泪还是恶狼的嗥叫，都不会使他动摇。

到2007年7月上旬，成杰经过黄浦江演说计划101天的疯狂训练，成杰感觉自己内心的成长只能用“迅疾如电”四字来形容。

经过这101天演说历练之后的成杰，更淡定、更从容、更坚毅、更丰饶，整个人看上去容光焕发，神采奕奕，见到他的人都不由自主感叹：“啊，成杰老师越来越帅了，越来越有男人味儿了！”

成杰有时候看到镜中那位神采奕奕、气宇轩昂、目光炯炯的男子，再想想几年前刚刚从大凉山走出来时干巴黑瘦、颓唐萎靡的少年，才深深体会到“一个人的外貌是他内心的直接反映”这句话的真正含义。

日本著名作家村上春树曾讲述了自己的蜕变历程。

村上春树说他在35岁之前，放纵自己，一天要吸差不多六十支烟，整个人看上去面色枯槁、大腹便便，牙齿和指甲都变得焦黄，浑身散发一股烟臭味。后来医生警告他要控制体重，他才开始每天进行十公里长跑锻炼。原本长跑是为了减肥，然而经过半年的锻炼之后，他不光重塑了健美体型，而且感觉自己的内心变得丰盈，生命的内在有了一种铿锵的节奏感。

在这种节奏感的伴随下，村上春树每天坚持创作长篇小说。他认为创作长篇小说与长跑有类同之处，比拼的不仅仅是冲劲、技术，更重要的是坚持与耐力，都是把目标分解成许多个小目标，然后各个超越，各个击破，最后到达撞线或搁笔那一刻尘埃落定。内心反映外貌，外貌映射内心，这是一个相辅相成的规律。成杰的101天黄浦江演说不正如村上春树的坚持长跑一样，是个磨砺身心、超越自我的过程吗？经过这样的历练，使得他们的整个身心都具有了一种淡然的坚忍。这种坚忍赋予成杰一种与众不同的魅力和独特的气质，由内而外地发散开来。

这种魅力与他日臻成熟的演说一起，让他的研讨会很快就在聚成200多名讲师中脱颖而出。

到2007年7月，成杰主讲的研讨会，到场的客户有100人左右，3个小时演说下来，成交额就可以达到100多万元！

那个神奇的马太效应正效应又来了！从华东到华南、从长江三角洲到珠江三角洲，聚成全国各地的分公司争先恐后地邀请成杰去演说，他的名气越来越响，他的影响越来越大，他的收入也越来越高。

他的生活从此就是从一个演说台走向另一个演说台，从这次鲜花掌声的拥抱到下次鲜花掌声的拥抱，这样的生活，曾一度让成杰恍如梦中。

谁能想到，仅仅25岁的他，今天能够拥有如此之多的鲜花、掌声、赞叹、艳羡，甚至还有嫉妒？

远望方知风浪小，凌空乃觉海波平。成杰想，是啊，人还是不能小看自己，不要妄自菲薄。只要有恒心，有毅力，有坚持，有梦想，什么样的奇迹都可能发生。恰如曾文正公的诗中所写："惟有旧雨化碧之恒，始得雉卵蛟龙之奇！"

同样，谁敢说成杰日后不能同样创造雉卵蛟龙之奇呢？

成杰睿语

所有为梦想付出的代价，

那都不能算是代价。

—— 灵魂被唤醒 ——

人生就是这样，谜一样地让你无法预知未来。

一场天灾震醒了成杰灵魂！他的格局仿佛一夜之间放大了十倍、百倍，他多了一份担当，一份思考，一份大爱。

2008年5月12日，这个将被所有中国人、所有炎黄子孙痛心铭记的日子——那一天，就在一瞬间，中国四川省一个名叫汶川的地方，地动山摇，数万几秒前还鲜活着、会哭、会笑的生命，永远沉寂在了岁月喑哑的喉咙！

那一幕幕不忍卒视的场景，那一幕幕惨不忍睹的画面，让原本就是四川人的成杰受到了太大的震动！那几日成杰的眼睛一直是湿润的。他的内心升起一种深重的无力感，一种似乎用语言难以描述的无力感。电视里播出的一幅幅地震现场画面，他用力屏住内心的泪意。然而，当他在报纸上看到两张照片时，他的两行泪，再也控制不住地夺眶而出。

其中一张照片是一个父亲抱着一个用军大衣裹起来的小小尸体，那是他9岁的儿子。他的孩子被埋在完全倒塌的学校废墟中，侥幸逃过劫难但受伤轻的父亲不顾自己的伤势，立刻参加到救援队伍中。

经过两天两夜的奋力挖掘，父亲的双手早已血肉模糊，他终于发现了自己亲爱的儿子。旁边的人们见他伤心得已经摇摇欲倒，就准备帮他把孩子的尸体搬上运尸车，但父亲坚持自己把孩子抱上运尸车，他踉踉跄跄地抱着自己的孩子泪如雨下，他用尽全身力气大喊一声：“儿啊，爸爸最后再抱你这一回！”

另一幅照片，近百张孩子遗像，遗像里的一张张小脸都是那样的生机勃勃。遗像旁边排列着沾满尘土的小书包，那书包里面有两个粉红色的米老鼠书包。

成杰扭头不忍再看，他想起自己姐姐的孩子就有这样的米老鼠小书包。他想起自己每次春节探亲从大凉山老家离家时，母亲那种儿行千里母担忧的凄惶眼神，他无法想象那些骤然失去孩子的母亲，该如何去面对这个现实。还有那些满眼的废墟，以及废墟下埋着的可能永远也不能挖出来的生命，让成杰的内心感受到一种难以描述的无力感。

在成杰的记忆里，体会到这样深重的无力感，另一次就是在2004年的印度洋海啸期间。

那时全世界的人们还沉浸在刚刚过去的浓浓的圣诞气氛之中，对即将到来的灭顶之灾毫无知觉。

报纸上说大海啸导致29.2万人遇难，其中三分之一是儿童。事实上，真正的遇难人数更多，因为许多人被卷入海底失踪，这部分人无法确切统计。报纸上刊出的照片中，一排排孩子的遗体就那样静静地躺在那里，静静地闭着眼睛，他们稚嫩的脸上还带着对这个世界的依恋和迷茫。

其中有一张照片让成杰泪湿眼眶，那是一个大约只有几个月大的婴儿，卷曲的头发，胖胖的小脸蛋，闭着眼睛，任年轻的母亲在旁边仰天哀号，婴孩也无法再睁开眼睛看一眼悲恸欲绝的母亲。

成杰不能忘记一位没留下姓名的年轻妈妈，在那场汶川特大地震中，她用生命换回了自己的孩子。她在生命终点拼尽最后一丝力气写的那则短信，长久地保留了下来，向无数的人们诠释着熟悉的两个字——母亲。

那是震后第二天，当搜救人员发现这位母亲的时候，她已经没有了生命迹象，房子垮塌下来，将她压死了。这堆废墟在频繁的余震中已是摇摇欲坠，从废墟的缝隙中，搜救人员发现，她的姿势很奇怪——她的身体已被压得变形，但仍保持着双膝跪地的姿势，双手撑地极力支撑着身体，整个上身匍匐着向前倾。搜救人员再次用生命探测仪测试，确认她已死亡，正准备离开再去搜救其他生还者，具有丰富灾后救援经验的搜救队队长，走了十几步突然对队员们一挥手，说："快回去！"

他们又来到这位年轻母亲身边。队长冒着废墟随时垮塌的危险，钻进去，把手伸进她身子底下一阵摸索，很快他朝外面喊道："快，这里还有个孩子，他还活着！"

经过努力，孩子被救出来了！他大概只有三四个月大，被包在一个红色的小被子里，还在甜甜地熟睡着，嘴角还留着乳汁的痕迹。队长说，抱出孩子时，孩子还含着妈妈的乳头，否则，孩子不可能安然无恙地挺过48小时。

医生在给孩子做检查的时候，发现被子里有一个手机，细心的医生看了看手机，发现上面有一条已经写好的短信。看完短信，见惯死亡的医生和搜救队队员们都哭了。他们把这部手机小心保存好，都说等孩子长大了，告诉孩子，这是他的妈妈在生命终点时留给他的爱。这则生命终点的短信是：亲爱的宝贝，如果你能活着，一定要记住，妈妈爱你。

成杰看到那个小花襁褓里粉嫩的小婴儿在咿咿呀呀，那一刻，他的泪水夺眶而出。

静夜时分，万籁俱寂，成杰却无论如何都睡不着，心里翻江倒海。他原本以为，自己从一个吃不饱饭的流浪青年，蜕变成今天站在演说台上激情四射的演说师，已经是人生极大的成功了，然而当特大灾难到来时，他才发现自己原来是如此羸弱，如此有心无力——他多么想给予家乡一些帮助啊！

那一刻他明白了：一个人活着，不能仅仅只为了证明自己，还要去帮助和成就更多的生命！这才是人生最大的意义所在！

冥冥中，似乎上天听到了他内心的呼唤。

不久，他就接到一个慈善义讲邀请。2008年6月12日，由新疆慈善总会主办的“跨越天山的爱，川疆连心大型义讲”慈善活动在新疆开幕。这次义讲筹得的所有善款将全数捐给汶川灾区。

主办方向一些知名的演说师发出邀请，然而，令人始料未及的是，因为是慈善义讲，不仅没有演说费，机票食宿等一切开销还得自理，很多原本应允得好好的演讲嘉宾，到最后关头未能出席。

最后真正到场的演说师只有两位，一位是当时已经年近八旬的共和国演说家彭清一教授，另一位就是成杰。

一位年近80岁的长者，一位“80后”，一老一少两位演说家携手演说台，激情演说，为灾区募集善款近百万元！

成杰睿语

不是每位创业者都能成为伟大的企业家，但伟大的梦想和崇高的追求是每位创业者都应该所拥有的。

—— 因慈善而结缘的忘年交 ——

当一身白色西装、气宇轩昂的成杰在演说台上深情演说，台下听众热烈响应、掌声雷鸣时，那一刻成杰深深体悟到：在这个世界上，有一种境界比个人的成功和荣誉更美好，那就是慈善，是大爱，是分享！

他想起自己小时候读书时，那些风雨中倾颓的校舍，那些破旧的桌椅，还有那冒着生命危险涉水过河上学的孩童，而今在许多贫困地区，这样的场景依然还在上演。于是，他定下了一个在外人看来无异于异想天开的人生目标——要用毕生的时间和精力捐建101所希望小学，让天真无邪的孩子们尽情享受他们的学生时代！

有一个人让他更坚定了这个异想天开、“痴人说梦”的伟大梦想，这个人就是与他同台慈善义讲的共和国四大演讲家之一——彭清一教授。

世事如棋，人海茫茫，两个人能够相遇在人海，已是不易，而要更进一步相知、相亲，就更加不容易。然而，唯心地讲就是这虽是偶然，但其实是必然，两个人之间的夙缘到了。

而这个夙缘，需要一个点将两个人的这份缘分连接起来。将成杰与彭清一教授连接起来的这个点就是此次川疆连心大型慈善义讲。

当彭清一教授拄着一根拐杖在台上慷慨激昂、声若洪钟地演说之时，坐在台下的成杰被这位前辈的气势震慑住了。

其实作为演说界人士，彭清一教授如雷贯耳的大名成杰早就有耳闻，这位让成杰高山仰止的前辈，他从来没想过会有一天能同台演讲！

而当成杰穿着一身得体的白西服，以一种潇洒倜傥之风，在台上挥洒激情时，坐在台下的彭清一教授也对眼前这位略带稚嫩的年轻后生产生了极大的好奇：这次慈善义讲，除了我，真正到场的讲师只有这位年轻人。这究竟是何方神圣？如此老练地在台上挥洒自如，最难得的是如此年轻竟有着如此大爱胸怀！

演说之后，这一老一少自然有了沟通与交流。一交流，发现真是相见恨晚。彭教授了解到眼前这位名叫成杰的年轻人一路坎坷一路披荆斩棘的奋斗历程之后，油然而生欣赏之情，甚至与这个年轻人有了一种同频共振的感觉。

彭老听成杰说座右铭是：做事精益求精，做人追求卓越。他欣然提笔在洁白的宣纸上留下四个遒劲有力、笔墨酣畅的大字：“天道酬勤”。

而成杰呢，当他后来真真实实地、深入地了解了眼前这位仰慕已久的演说界大师时，他的内心升起了更多的崇仰：

彭老的前半生以不懈的努力、坚强的毅力、顽强的追求、拼搏的精神，最终成为中央歌舞剧团的佼佼者、国家一级演员、卓越的舞蹈家。

从1949年到1985年，彭老在舞蹈事业中整整奋斗了36年，曾出访过30多个国家和地区，为祖国赢得了两枚金质奖章和多项荣誉，受到毛泽东、周恩来、刘少奇、邓小平等党和国家领导人的亲切接见。

之前成杰只听说过彭老一只眼睛几近失明，但不知是何原因导致。与彭老近距离接触才知事情原委，崇敬之情更甚。老一辈的艺术家们，为了祖国的荣誉，为了人民的荣誉，真的可以说是舍生忘死。

1955年7月，以贺龙为总团长的中国青年代表团参加在波兰华沙举行的第三届世界青年联欢节。彭清一作为艺术代表团的一员随行演出。在火车上，由于洗漱用水污染以及长途劳顿，彭清一左眼眉毛上的一个小脓包发炎，眼睛受感染红肿，需要及时治疗，可是日程安排又需要他立即参加舞蹈比赛。

彭清一陷入了两难境地：取消演出吧，精心准备的节目就得取消，为此而做的前期努力也将全部前功尽弃；登台演出吧，得不到及时治疗的眼睛可能有失明的危险。

是保护身体，还是承担国家责任、为祖国争光？在关键时刻，彭清一毫不犹豫地选择了后者。

演出前化妆时，彭清一得先把脓包里的脓挤出来，涂上凡士林，再把油彩拍上去。当时的油彩质量很差，且含有铅毒，但他已经顾不了那么多了。就这样，彭清一凭着为祖国争光的使命感和责任心，凭着一股坚强的毅力，坚持完成了20多天的演出任务，与同事们一起获得了比赛的成功。他表演的“龙舞”“狮子舞”“友谊舞”等分别获得了二、三等奖！

然而由于连续化妆，轮番演出，寒热交替，导致铅毒发作，彭清一的左眼受到了严重的损伤，几近失明。

当后来有人表示惋惜，说他“傻”的时候，彭老说：“大多数人没有机会代表国家来展现自己，可我有幸获得了这样的机会，通过文艺演出把自己与伟大的祖国联系在一起，这是一种骄傲，也是一种责任。我认为一个人除非不干，要干就一定要把事情干好。当个人利益、组织利益、国家利益之间发生冲突的时候，无疑要牺牲个人利益，保护组织利益；牺牲组织利益，保护国家利益。这是一个有责任感的人一种自然而然的选择！”

彭老是个苦孩子，10岁时母亲去世。1948年他流浪到北京，以庙为家，裹着破棉袄，忍冻挨饿，凄惨度日。后于1965年加入中国共产党，历任中央歌舞团演员、舞蹈队队长，文化部舞蹈训练班主任教员，中国舞协第三、四届常务理事和第五届理事。

彭老的后半生，又阴差阳错、因缘际会地为祖国的演说事业鞠躬尽瘁。

1985年，55岁已经担任领导职务的彭清一，在给青年演员做示范动作时，一个三百六十度的空中翻转重重地摔倒在地，造成左腿粉碎性骨折，他不得不黯然神伤地告别他深爱的、为之奋斗了36年的舞蹈舞台。

因为骨折而被迫在家养病的彭清一，当时被中国政法大学研究生部邀请前去作报告，他讲了自己的奋斗经历和对艺术的执着追求，没想到听众越来越多，掌声越来越响，800多人全体起立一起高呼，向他致敬。

那一刻，他猛然间找到了人生的一个新起点——他要站在演说台上，用激情和生命去呐喊，以凛然的正气，弘扬真善美，怒斥假丑恶，用一生恪守的信念呼唤正义和良知！

彭老深深地感到：一个国家、一个民族如果没有共同的精神品格，没有高尚的价值追求，就没有凝聚力，就不能长治久安。

他曾说："每一个热爱事业的人，都要树立甘愿为事业献身的信念，这是一面鲜艳的旗帜，谁若抛弃了这面旗帜，生活就黯然失色，前途将暗淡无光。"

30年来，彭老拖着伤残的身躯奔走于祖国各地，足迹遍布27个省、市、自治区。演说多达4300多场，被百所大学聘为兼职教授。

1989年，彭清一被中宣部、团中央授予"全国优秀青年思想教育工作者"称号。2006年，他荣获"中国十大老年新闻人物"称号。后成为国家特殊贡献的专家和享受国务院津贴，还多次获得文化部、中央国家机关优秀共产党员等荣誉称号。

彭老无论走到哪里，都是用人品吸引人，用人格感染人，为了神圣的使命，点燃生命中的热情与激情，他说："人永远要保持激情，没有激情的人是不能成功的！"

在与彭老的交往中，成杰深深感到作为共和国四大演说家之一的彭老，是那么平和冲淡，严中有慈，丝毫没有大名人的架子。

彭老还亲自挥毫把成杰最喜欢的十二个字"做事精益求精，做人追求卓越"写下来赠予成杰，勉励他在人生道路上以此为圭臬，飞得更高，行得更远。当那十二个墨迹淋漓的大字呈现在成杰眼前时，成杰心里非常感动。

博学而笃志，切问而近思。成杰觉得，在老一辈先贤面前，该虚心向学，踏踏实实地学好他们的风范及品格。

从新疆义讲归来之后，这一老一少就成了“忘年之交”。他们经常在电话里交流看法，砥砺人生。

成杰向彭老坦承了自己“异想天开”的梦想——要用毕生的时间和精力捐建101所希望小学，让那些天真无邪的贫苦孩子尽情享受他们的读书时代！

彭教授对成杰说：“年轻人，有善心，殊为难得，然而，为善如筑台，要想大爱，要想大善，自己没有基础，大爱无从谈起！”

此后，彭老的话时时响在成杰的耳畔：“为善如筑台，要想大爱，要想大善，自己没有基础，大爱无从谈起！”

是啊，如今在聚成，自己算是一个有声望的讲师，但仅仅是一个会演说的讲师而已。照此下去，自己何年何月才能实现为孩子们建希望小学的梦想呢？

成杰睿语

人所做之事，有意义、有价值，人生就变得有意义，有价值；人所做之事，没意义、没价值，人生就变得没意义、没价值。

—— 归零，一切从心出发 ——

成杰是一个敢想、敢闯、敢担当的人，又一个大胆的计划如一株春草从他内心的土壤中萌芽——那就是从聚成这个巨人的肩膀上跳下来，开始自己的创业之路

“创业”二字易说易写，却难做，这一点，成杰深深明白。他不是没有犹豫过，但心中那个抱负犹如顽强的春草，萋萋刬尽还生。

2008年9月，在无数的叹惋声中，成杰正式离开聚成公司，开始了自己的漫漫创业路。聚成公司也曾极力挽留，但他去意已定。

他明白，一个人要想干一桩大事，就必须勇往直前，如果时时想到退路，将永难取胜，正如军事家要想取得胜利必须破釜沉舟一样。但是，破釜沉舟以后梦想就能轻易实现了吗？当然不能。梦想若真的那么容易实现，这个世界上就不会充塞着那么多一生都庸庸碌碌的人。

每一个实现了梦想的人，回首来时路，都是一路荆棘一路血泪。何况，成杰创业的地方，是强者如云、竞争残酷的上海滩。就拿培训这个行业来说，好的培训公司几乎都在上海设立总部，他们

经过多年发展，已经颇具规模了。

而这个名叫成杰的26岁的年轻人，没有品牌、没有雄厚资金、没有背景、没有关系、没有团队、没有好产品、没有成熟的商业模式、没有营销通路……甚至，连时机都不对：当时正是全球经济危机，无数公司倒闭！

在这种诸事不利的情况下，2008年10月成杰正式成立了上海巨海企业管理顾问有限公司。

何为巨海？巨海，巨龙腾飞，海纳百川。龙，是中国的图腾，是中国的象征，更是中国的骄傲。

所以，成杰将自己公司冠以“巨海”之名的初衷是要将巨海打造成一家以“帮助企业成长，成就同仁梦想，为中国成为世界第一经济强国而努力奋斗”为使命的企业！

初生牛犊不怕虎，成杰已在心中绘下蓝图——巨海要十年磨一剑，三年成为华东地区培训行业的领跑者；五年成为中国培训业的典范；十年成为中国最具正能量的教育培训机构。

也许有人会感叹：这个几乎一无所有的年轻人啊，有的只是一个虚无缥缈的梦想和满腔毫无根据的自信。

可是，毫无根据的自信也是自信啊，总比懦夫好得多！正如执掌阿里巴巴帅印成为万众瞩目焦点的马云，当年高考三次才勉强考进杭州师院，换作一般人，早就自卑得头都不敢抬了。但是马云不，他就是一个“毫无根据盲目自信”的人。

马云一开始进杭州师院时也很自卑，但是为了改变，他给自己定了三个目标：第一，必须把专科变成本科；第二，必须成为校学生会主席；第三，必须跟杭州师院的校花谈一场恋爱。

结果等他毕业时，他的三个目标都实现了——他把专科变成了本科；他没有成为杭州师院学生会主席，他成了浙江省学生会主席；他不仅跟校花谈了恋爱，还把校花娶回了家。他的那些同学都乖乖地回农村教书去了，无限疑惑地干瞪着眼。

这就是自信的力量，马云的故事激励着成杰。但回想那段岁月，成杰都不知道自己那一年是怎么熬过来的。

创业初期，开支巨大，收入连续几个月入不敷出，那样的煎熬，如果只有他一个人单打独斗是不行的，好在，还有几位创业元老陪他一起度过难熬的初创岁月！

卓越的领导人都是说服型的领导人，是教育家、思想家、演说家，他们是真正会说话的人。他们的话会把所有人讲得热血沸腾，然后主动承担责任，全身心地投入到工作中去，有了这样富有激情、不怕困难、不畏艰险的团队，那么，万事难不倒。

后来成杰创业成功，辉煌之时，有很多企业家朋友问他："巨海短短几年就取得这样令人震惊的成就，最核心的秘诀是什么？"

成杰回答说："找到志同道合的人。"他认为如果一个人找不到志同道合的人，无论他怎么努力，结果可能都无法令人满意。

那么，要如何才能找到志同道合的人呢？那就要在共同奋斗的道路上，实现自己梦想的同时也要帮助他们实现梦想和人生价值，这样才能让他们真正忠诚于你，并真正成为与你风雨同舟、不离不弃的同行者。

成杰在创业初期时对几位创业元老说：

一、我们要将巨海打造成一家以“帮助企业成长，成就同仁梦想，为中国成为世界第一经济强国而努力奋斗”为使命的企业！

二、巨海要十年磨一剑，三年成为华东地区培训行业的领跑者，五年成为中国培训业的典范，十年成为中国最具正能量的教育培训机构！

三、在巨海的发展过程中，要始终秉持一个慈善目标：建立101所巨海希望小学！

在当时只有一间160平方米的简陋办公室里，资金、人脉、资源几乎一无所有的情况下，这样的话听起来似乎更像一个“疯子”的“疯言疯语”。

然而，有句话说：“真正推动时代发展的是那个时代的疯子。”

比如日本著名企业家孙正义，这个身高只有一米五的小个子男人，祖先来自中国福建莆田，后移居朝鲜，在他祖父时期由朝鲜半岛移居日本九州岛。

1981年，23岁的孙正义在日本福冈市南部一间铁皮屋里成立了日本软银公司，从事的是个人电脑软件的流通买卖。在那间简陋的铁皮屋里，孙正义把一个装苹果的箱子当作演说台，饱含激情地对他仅有的两名员工说：“我们公司营业额要在5年后达到100亿日元，10年后要达到500亿日元！”那两个员工以奇怪的眼神盯着眼前这个“疯子”，觉得这个人太“不靠谱”，跟着他干肯定没前途，第二天就辞职了。

然而，事实证明，孙正义没有疯！

另一位“疯子”就是马云。

1999年，在杭州郊区一个普通住宅里，马云对与他一起创立阿里巴巴的18罗汉说：

阿里巴巴未来三大愿景是：

第一，阿里巴巴未来要成为服务中国中小企业的一家电子商务公司。

第二，阿里巴巴在未来要成为市值50亿美金的企业。

第三，我们要做一家生存102年的企业！

当马云说到第一个愿景时，18罗汉鼓掌很热烈，这个愿景的确不错嘛；当马云说到第二个愿景时，鼓掌开始稀稀拉拉，就算吹牛不用上税，你马云也不能这么漫无边际地吹吧；第三个愿景一说出来，18罗汉又开始鼓掌了，可不，102年呢，那时候大家肯定都到另一个世界去了，这掌不鼓白不鼓，鼓了再说！

除了这三个愿景的“疯言疯语”，马云的其他“疯言疯语”竟然也都一一成为现实。

马云“疯言疯语”说：“我们要做一个由中国人打造的世界性公司。”现实是——至2014年，阿里巴巴的市值已进入全球互联网公司的市值前三。”

马云“疯言疯语”说：“阿里巴巴每天上税100万。”现实是——仅2013年一年，阿里巴巴集团纳税已超70亿元，阿里巴巴已成为浙江省除烟草公司外，纳税总额最多的企业，也成为中国互联网纳税最多的企业。”

马云“疯言疯语”说：“我们要建成世界上最大的电子商务公司，要进入全球网站排名前十位。”现实是——仅在2013年一年，阿里巴巴的电子商务网上平台即实现超过15000亿元的交易额，使它当之无愧成为全球第一，无论是体量规模还是生态效应，它都是全球顶级的互联网公司前五强之一。

……

1999年9月，马云说过的那些话，被人认为是“忽悠”，是“画饼”，是个疯子的闹剧，是永远都不可能实现的“牛逼梦”。多年后，马云说，我要感谢与阿里巴巴风雨同舟的同仁们，是你们把这些不着边际的牛逼梦都圆了起来。

而不到10年后的2008年10月，巨海创始人成杰说过的那些话，也同样被人认为是不可能实现的“牛逼梦”。

然而，短短两年后的2010年，成杰领导的巨海集团就荣获了“中国十佳培训机构”称号；3年后的2011年，巨海集团又荣获“中国管理咨询行业最具竞争力品牌”，同时成杰本人被评为“中国十佳培训师”；7年后的2015年，成杰荣获“2015年青年川商领袖”“中国最具影响力年度杰出人物”“中国文化管理协会培训委员会副会长”称号……

成杰也非常感谢与巨海风雨同舟的同仁们，尤其要感谢巨海的创业伙伴们，是他们一起努力把那些似乎不着边际的牛逼梦一个个圆了起来。而在这些创业伙伴中，尤其有一人对于成杰来说意义非同寻常，她从与成杰并肩奋斗的事业伙伴变成了与成杰相濡以沫的生活伴侣。

她就是巨海副总裁——闫敏女士。

成杰睿语

真正伟大的事业是付出、奉献，
是去帮助影响和成就更多的生命。

第五辑

得此佳偶，夫复何求？

—— 得此佳偶，夫复何求？ ——

巨海元老中，闫敏应该说是最“特殊”的一位，因为她不仅是与成杰在事业上甘苦与共、风雨同担的一员“老将”，而且是成杰既贤又能的妻子。

著名作家钱锺书曾对自己的妻子杨绛有一个最高的评价：“最贤的妻，最才的女。绝无仅有地结合了各不相容的三者：妻子、情人、朋友。”

有一天，杨绛读到英国传记作家概括最理想的婚姻：“我见到她之前，从未想到要结婚；我娶了她几十年，从未后悔娶她；也未想过要娶别的女人。”她把它念给钱锺书听，锺书当即说：“我和他一样。”杨绛答：“我也一样。”然后，二人相视而笑。

虽有俗话说“婆媳是天生的冤家”，但钱锺书的母亲对这位媳妇可是赞誉有加：“笔杆摇得，锅铲握得，在家什么粗活都能干，真是上得厅堂，入得厨房，入水能游，出水能跳，锺书痴人痴福！”

而杨绛也的确当得起丈夫和婆婆这样的褒扬，不仅学识过人，温柔贤惠，尽力辅助丈夫写作事业，而且有着超常的淡泊而坚忍的性格。“文化大革命”时期，钱锺书与杨绛成了“牛鬼蛇神”，被残酷地折磨，她被人剃了“阴阳头”，还被赶去打扫厕所。这在普通人看来都是难以忍受的侮辱，但她却淡然处之，她把脏臭的厕所打扫得干干净净。做完了这一切，她掏出书坐在便池帽上，安然地一页页读下去。

成杰对既是妻子又是事业伙伴的闫敏同样也是赞赏有加，每次言及妻子，脸上都流露着掩饰不住的幸福：“她是个全才，很能干，悟性很高，方方面面的事都做得很好。如果把我自己比作刘邦的话，她就是我的萧何。她很会为别人考虑，有胸怀、有长远眼光、有高度，知书达礼、顾全大局、正直善良、真诚率真，人际关系很好。在工作中，她是我很好的搭档；在生活中，他是我贤惠的妻子；在人生中，她是我的良师益友！”一个丈夫对妻子有着这样毫不掩饰、发自内心的褒扬，殊为难得。

曾经有一个问题：成功的因素有很多，但排名第一的关键是什么？很多人回答的是努力、机遇、人脉、资金，等等，但最后的答案让很多人大感意外，意外之后认真想想，还的确如此。

这个答案就是：排名第一的成功关键是取决于你的枕边人，也就是配偶！

大家耳熟能详的美国前总统克林顿在他出生前三个月，任职小推销员的亲生父亲就去世了。后来母亲改嫁，继父是个酒鬼和赌徒，对克林顿很不好，他是在继父的虐待中长大的。

生长环境这样糟糕的克林顿，最后成了美国总统，除了自身的努力之外，很大一部分原因是他找到了妻子希拉里——一个精明强悍、充满政治头脑的女性。他们在一起几十年，相互影响，相互渗透，最终成就了彼此。

成杰与闫敏也是如此，闫敏对成杰的支持与影响可谓极为关键。

2008年9月份，当成杰因内心的一份思考、一份担当、一份责任以及一份大爱，准备从聚成这个教育培训巨人肩膀上跳下来开创一份自己的事业时，他的心里多少还是有一些忐忑的。

离开聚成这个现成的平台，自己将面临几乎一无所有的境地，他在自己的笔记本上写下一句话："创业是条不归路！"他的心里需要一份坚强的支持，需要一份熨帖的慰藉。他脑海中第一个闪过的身影，就是闫敏。

当时成杰与闫敏已经确立了恋爱关系，也都在聚成公司任职，成杰与闫敏，一个是风头正劲的研讨会讲师，一个在聚成短短半年时间职位就连升三级、从一名助教升至营销经理了。

对于当时中国的培训行业来说，聚成这个平台算得上是一流的。而今成杰却为了一个虚无缥缈、前路未卜的"大爱理想"而彻底放弃已经到手并且非常安稳的一切，在旁人看来匪夷所思。成杰当时也担心闫敏不能接受自己的决定，因为大凡女性总喜欢过一份安稳而有保障的日子，不大愿意去冒很大风险。

当成杰鼓起勇气小心翼翼地跟闫敏提起创业时，闫敏几乎没怎么考虑就同意了，她看着他说："我相信你的决定，也相信你的能力，你一直都非常优秀，在聚成你干得很好，我相信创业你也一定会干得很好！一切从零开始也没什么可怕，反正我们当初从老家出来的时候，不也是一无所有、从零开始的吗？”

9月的上海已经热浪扑面，而闫敏这一番话对于成杰来说，更是如一团火，将他的心里暖得热乎乎的，他感觉自己的眼眶都有点湿润了。

他忽然明白上天虽然给他一个贫寒的出身，如今却将这样一位智慧而美丽的女子送到身边来，以后还要与他共度一生，叫他如何不感恩，如何不激动？

他原本还有点忐忑的内心，现在意志坚定如铁。再说还有闫敏的辅佐和不离不弃呢，怕什么？干！

夜晚成杰躺在床上难以入睡，他在思考充满挑战、荆棘密布的未来。在他紧锁的眉宇之间，又露出一丝欣慰和喜色，那是因为他想到了他的恋人闫敏，想到了他们的相识、相知、相恋，想到了这一路走来的牵挂与甜蜜。

成杰睿语

真正需要追逐的是内心的平衡，是精神的富足，是灵性的自在；

只有持续地让自己变得“值钱”，生命才会更具有价值和意义！

—— 初相逢后思念浓 ——

2006年，成杰还在南京聚成工作。

有一天公司举办一个联谊活动，邀请的都是平时与聚成有着良好合作关系的公司和机构。作为筹备工作人员之一，成杰里里外外忙个不停。那天闫敏作为一家私营企业的办公室主任，与领导一起参加这次联谊活动。

忙忙碌碌的成杰偶然在一个间隙看到闫敏的一刹那间，脑袋里忽然就轻轻地“嗡”了一声，他感到自己的血流速度陡然加快——难道这就是那神秘莫测的“一见钟情”的感觉吗?

成杰想起张爱玲说的：于千万人之中遇到你所要遇到的人，于千万年之中，在时间的无涯荒野中，没有早一步，也没有晚一步，刚巧赶上了，轻轻地问一声：“噢，你也在这里吗?”这个女孩，正是那个千万人中让他刚巧赶上的人吗?

成杰的眼光不由自主悄悄地随着这个身穿合体套装，皮肤白净，气质优雅的女孩移动。

现在怎么办?成杰一直是个行动派，几分钟的犹豫之后，他就决定主动出击，去结识这个女孩。

他早就认识女孩的领导，那是聚成一家大客户的总经理，这时候成杰作为聚成的工作人员，去与这位领导寒暄几句是很正常的事情。成杰端了一杯红酒，来到那位领导身边，热情地与他打招呼并且寒暄了起来，此时闫敏就站在旁边。

离心仪的女孩如此之近，成杰似乎隐隐嗅到女孩散发出来的幽幽香气，他的心再一次禁不住怦怦直跳。表面看上去镇定自若与人寒暄的成杰，谁也不知道此刻的他是醉翁之意不在酒。

正聊得热乎的时候，成杰装作刚刚发现站在旁边的闫敏似的，故作漫不经心地问她的领导："这位是？"

领导说："这是我们公司的副总经理闫敏小姐。"

"哦，闫小姐，幸会幸会！"

成杰立刻掏出早已准备好的名片递上去："我是聚成公司的讲师成杰，希望多多关照。"

闫敏接过名片，有点不太好意思地说："真是不好意思，成杰老师，我今天没带名片，下次遇到您再补上吧。"

于是，两人就这样擦肩而过了。

于是，成杰就体会到了一种叫作"思念"的东西，这个东西在他心底生了根。

在成杰24岁的生命里，这种怦然心动的感觉还是第一次体会到，他很后悔自己没有与闫敏合一张影，有了合影他就可以经常看到她的美丽倩影了。

一天，他偶然听到一首歌，歌词不正是他的内心写照吗：

只因为在人群中多看了你一眼，再也没能忘掉你容颜，梦想着偶然能有一天再相见，从此我开始孤单思念。想你时你在天边，想你时你在眼前，想你时你在脑海，想你时你在心田。宁愿相信我们前世有约，今生的爱情故事不会再改变，宁愿用这一生等你发现，我一直在你身旁，从未走远……

成杰感觉这首歌字字句句都诠释了自己的内心。后来才知这首歌名叫《传奇》。他想：我与她，是否也能谱写一个“传奇”呢？

陷于爱情中的人，往往会爱屋及乌，从此，闫敏所在公司的动态成杰都非常留心。

成杰在事业上是个敢闯敢做的人，可是当他发现自己真的喜欢上一个人后，却是那样羞涩，那样瞻前顾后，畏首畏尾，不敢表白，也许这就是所谓的“近乡情更怯”吧。

好几次他都拨通了闫敏公司的总机号码，又都放下了。是啊，接上闫敏的电话，他该说些什么呢？再说，太直白也许会把女孩吓跑的吧。

少年时期就喜欢的诗句，又涌上脑海：

如何让你遇见我，
在我最美丽的时刻？
为这，我已在佛前求了五百年，
让它让我们结一段尘缘。
佛于是把我化作一棵树，

长在你必经的路旁。

阳光下慎重地开满了花，

朵朵都是我前世的盼望，

当你走近，请你细听，颤抖的叶是我等待的热情，

而你终于无视地走过，在你身后落了一地的，

那不是花瓣，那是我凋零的心。

成杰很害怕，自己的表白万一遭到闫敏拒绝，那他的生命里，真的就满是凋零的心了。

当时成杰在南京聚成已经是小有名气的讲师了，头顶上有了淡淡的光环。但是距“卓越”二字还差得很远。为事业奋力打拼的过程中，身与心都高度紧张的忙碌日子，让成杰只能把这份情愫放在内心深处。

2006年10月，成杰得知自己不久将要被调往聚成上海公司时，他对南京这个城市有点不舍。

一不舍，是南京对他而言的特殊意义；二不舍，就是心中那个名叫闫敏的女孩。

前一阵工作非常忙，有差不多两个月没有闫敏的任何消息了。现在要走了，无论如何也要与闫敏道个别。电话打过去，他强压着心脏的狂跳，故作镇静地问道：“请帮我找一下闫敏小姐。”没想到接电话的人说：“闫敏早走了，不在这里工作了。”

如一记惊雷，在他脑中轰响了一下，他急切地问：“她去哪里

了？”

“这个还真不知道，她已经离职快三个月了。”

成杰赶紧给那个公司的老总打电话，对方也说不太清楚闫敏去了哪里，她没说。

放下电话，成杰不禁痛苦地抱住自己的头——都怪我啊，怎么就这样把她给丢了呢？这茫茫人海，让我上哪儿去找她啊？

2006年11月15日，成杰正式调入聚成上海公司。面对“百废待兴”的上海公司，千头万绪，他需要做的事真的是太多太多了，常常忙到凌晨，累得他直接在办公室的沙发上和衣就睡着了。

即便这样的情境下，那个身影依然占据着他的心。

一天，他在外面跑业务，中午时分，突然听到一家公司的音响流淌出那样熟悉的旋律，那一句句歌词就像小锤子一样一下一下敲击着他的心：“只因为在人群中多看了你一眼，再也没能忘掉你容颜，梦想着偶然能有一天再相见，从此我开始孤单思念……”他感到自己的心一阵阵地钝痛起来。

那天，他在书中看到两句哲人的名言，非常认同，于是把它们工工整整地抄在笔记本上。

一句是意大利作家薄伽丘说的，他说：“真正的爱情能够鼓舞人，唤醒他内心沉睡着的力量和潜藏着的才能。”

另一句是英国作家培根说的，他说：“了解爱情的人，往往会因为爱情的升华而坚定他们向上的意志和进取精神。”

成杰觉得这两句话好极了，他牢牢地记住了。他想，是啊，我要好好努力，塑造出一个更加强大更加光彩照人的自我，这样如果有一天能够再次遇到她，我才可以有底气自豪地向她倾诉我对她的感情。如果我什么也不是，我拿什么去爱她？

他更加勤奋了。

2007年5月，聚成上海公司经过他的力挽狂澜，终于走上正轨。他把日常工作移交给另一位老总之后，就开始了101天的面对黄浦江演说，他要成为聚成集团最为闪亮的那颗讲师之星。

101天的面江苦练，换来的是一个脱胎换骨的讲师成杰。

2007年7月，成杰主讲的研讨会，100人左右的现场，3个小时演讲下来，成交额达100多万元。

2007年8月，聚成举办了一场全国研讨会讲师年会，成杰以出类拔萃的表现当之无愧地拔得头筹，赢得众人的齐声赞誉，而且赢得时任聚成集团副总裁的周嵘先生另眼相看。

成杰成了聚成的“红人”。

此时，成杰并不知道，那个神秘的“马太效应”正效应又悄悄地来到了他的身边。

2007年9月，成杰在上海举办一次重要的研讨会。他像往常一样精神抖擞地乘上电梯，按下研讨会所在的楼层。

电梯门打开，照例是有两位助教在电梯门两边迎候。

与以往不同，成杰蓦然看到一张熟悉的美丽面孔，刹那间，他的心似乎被一股电流击过——啊！那不正是他日思夜想的女孩闫敏吗？

当闫敏看到从电梯间走出来的成杰，一身洁白西装衬得他越发地英气逼人，她也呆住了。

他们不约而同地喊出了两个字："是你！"

成杰睿语

什么是成功的人？

就是今天的你比昨天更有智慧、更慈悲，更懂得爱、更懂得生活的美、更懂得宽容。

—— 相知相恋，携手创业 ——

原来闫敏离开南京那家公司之后就进了上海一家文化传播公司。但后来她发现聚成这个平台更适合她，于是就来到了聚成，这次她在研讨会上做助教，没想到遇上了成杰。她发现成杰比在南京的时候更成熟，更帅气了，眉宇间充溢着沉稳、睿智、成功的气场。

因为现在在同一个公司，成杰轻而易举找到了闫敏的联系方式，他马上与她取得了联系。他不想再重蹈曾经突然失去她的消息的覆辙，他要牢牢地抓住这来之不易失而复得的缘分。

他经常给她打电话、发短信嘘寒问暖，有时也约她出去喝杯咖啡，吃顿饭。就在这样的交往之中，闫敏的内心也慢慢像一湖冰封的春水，在温暖春风的不断吹拂下，那层冰在慢慢地消融。对于闫敏来说，去年在南京的仓促一见，闫敏并没有对成杰产生什么特别的感觉，而且她也并不知晓成杰对自己早已暗生情愫。

如今两人再次重逢，在成杰一句句暖人心扉的话语中，在对他的更进一步了解中，闫敏觉得自己有点喜欢上这个勤奋与胆魄并存的青年了。

恰在此时，成杰的书《从优秀到卓越》完成了初稿，成杰把书稿发给闫敏，让闫敏帮忙修改修改。在帮成杰修改书稿的过程中，闫敏得以完整而立体地了解这位青年的奋斗历程，不由对他产生了深深的钦佩与崇敬。

作为同是乡村贫寒家庭出身的闫敏来说，书中很多成杰的经历她都能感同身受。

闫敏出生于安徽省六安市一个非常僻远的小山村，贫寒的生活与闭塞的环境让闫敏产生了强烈的要走出大山的愿望。而山村孩子要走出大山，那时候唯一的也是最好的办法就是考学。她学习刻苦努力，终于考上了省城合肥一所中专，学财会专业，成了一只山窝窝里飞出去的金凤凰。

毕业后被分配到县城里一个小单位，她发现自己跟很多初中生、高中生一样，一起在同一类岗位上工作，才知道文凭并不能代表人生的全部，而平台、环境更重要。这个社会并不会因为你有较高的学历就一定会有很好的收入和个人价值，但你一定要具备为社会创造价值的能力，这才是你在社会中发展得如何的决定因素。

于是，她毅然放弃了手中那一份工作，去了南京谋求更好的平台和出路。

有句话说：女人的爱情是从崇拜开始的。

如果说在南京对成杰的感觉是覆盖着一层薄冰的水；在上海惊喜重逢成杰之后的感觉就已经是温水了；而如今在看完成杰《从优

秀到卓越》的书稿之后，她内心已然是一壶滚烫的热水了。那升腾着爱情的热气，把女孩闫敏的心之世界氤氲得悸动而迷离。

她决定了，她要与这个男人共度一生，她要全心全意支持他的梦想，无论命运给他们什么考验。

2008年9月份，成杰离开聚成，开始了艰难的创业。

没有场地，没有员工，没有项目，唯一的资金就是成杰与闫敏两个人多年共同的积蓄50万元钱。他们在上海市长宁区的天山商厦租了一间100多平方米的商住两用房，添置了一些简单的办公设备，铺上一张红地毯，同年10月，放了几串鞭炮之后，公司就算正式营业了。

众所周知，2008年由美国“次贷危机”引起的金融危机波及全球，中国也遭受重创，上海作为中国经济的龙头城市，受到重大影响在所难免。就在很多人持悲观态度之时，成杰却认为金融危机虽然暂时表面上看对自己创业不利，但此次危机也可能是一次巨大的机遇，因为它可以强制推动培训行业加快洗牌的步伐，这样巨海就可以“乘虚而入”。

从2008年10月到2009年7月这段时间，对于巨海创始人来说，那是一段激情与煎熬相随、奋斗与疲累相伴的日子。经过8个月的艰苦奋斗，从亏损到开始营利，公司开始看到希望。

—— 尘世同行，风雨同舟 ——

人们说，燃烧的激情，像熊熊的火焰，是一切的原动力，伟大的激情，产生伟大的行动，伟大的行动铸就伟大的事业。

的确如此，初创业阶段，那种激情，那种忘我，在旁人看来匪夷所思——睡觉之前想的是工作，午夜梦回想的是工作，天还没亮就睁开眼，想的还是工作。

即便如此全情投入，巨海还是举步维艰。

那时候，成杰自己的课程还没有形成品牌，只能先跟别人合作，而合作方仗着自己资历老、财力足，以大欺小，不仅要大牌，而且利润分配非常不合理，经常是所有的工作都是成杰他们来做，最后分得的利润却少得可怜。

2008年底、2009年初，巨海分别举办了两场总裁培训班，这两次都让巨海亏损严重。公司几次面临资金链完全断裂，难以为继，连吃饭都成了问题。

2009年农历春节来临，成杰第一次带闫敏回老家过年。那时父亲已经生病，身体很不好，他早就答应父母这个春节一定回老家过年的。然而，这个春节，发完员工的工资后，他和闫敏竟然连买一张机票的钱都没有了。

以前在聚成做演讲师时，每次都是乘飞机回家的，如今，父母知道儿子创业出息了，更没有理由不乘飞机回家，突然不乘飞机，会让老人担心犯嘀咕的。无奈之下，他只好用信用卡透支，才和闫敏各买了一张回老家西昌的机票。

登机后，看着自己心爱的女孩跟着自己经受这样的窘迫，成杰心里很歉疚，对闫敏说："对不起，让你跟着我受苦了。"

闫敏把头靠在成杰肩膀上，轻柔地安慰他说："没事的，虽然我们现在累一点苦一点，但我坚信在不久的将来，我们一定会过上好日子的！我相信你。"

成杰情不自禁地偏过头吻了吻闫敏散发着幽香的头发……

飞机升空，成杰透过舷窗看着灯火通明的繁华大上海离自己越来越远，他在心里默念：上海滩，我不会屈服的，这只是暂时的困境，我会很快走出来！我知道，人的生命就像水一样，关键时刻就要凝聚力量，黄河九曲十八弯，遭遇障碍无数，但是它依然向着目标前进，最终入海！

他想起马云说过的一句话："今天很残酷，明天更残酷，后天很美好，但绝大部分人死在明天晚上，看不到后天的太阳。"他想，我一定是那个看到后天灿烂艳阳的人。

他又想起巴顿将军说过："衡量一个人成功的标志，不是看他登到顶峰的高度，而是看他跌到低谷的反弹力。"不由得暗暗捏紧了拳头。

这年春节，因为闫敏的到来，这个年过得格外祥和而温馨，两个老人非常喜欢这个未来的儿媳，懂事、孝顺、知书达礼的闫敏让成杰的父母亲都高兴得合不拢嘴。

成杰看到父母亲笑得那样舒心，心里也非常安慰。

父亲说：“杰儿，要不你和小敏过年后就把婚结了吧，让我和你妈也早点抱孙子。”

成杰说：“爹，这个不急，现在公司刚刚起步，事情特别多，等公司稳定一些再说个人的事吧。”父亲见儿子这么说，也就没再说什么。

如果人有未卜先知的能力，就算当时再怎么艰难，成杰也会听爹的话把婚结了，让爹在有生之年亲眼看到自己的大孙子，也不至于后来留下了永远的遗憾和追悔。

可是，世上并无后悔药可卖。

2009年4月，是巨海最艰难的时候，有一家与巨海有过合作的大公司提出收购巨海。要说一点不动心也不对，当时真的是太难了，饭都快吃不上了，但最终成杰他们还是没有同意，因为被别人收购，主动权就落在别人手上了，以后公司要做成什么样子，要向什么方向走，就完全没有了置喙的权利。

这种时候，成杰鼓励大家：“黎明前都是最黑暗的时候，我们咬紧牙关再挺一挺，很快就会迎来初升的太阳。我们才开始半年不到，而人家已经做了10年了，我坚信，我们用不了10年，我们5年就能够超越他们，相信我！”

2009年11月，巨海迎来了它一周岁的生日！

虽然所有员工加起来，已经有30多人的团队，但是无论怎样，巨海总算挺过来了。在随时都有公司倒闭的上海，巨海顽强地存活了下来，并呈上升趋势，还换了一套300多平方米的办公室，这是多么值得庆贺的事啊！

天下事以难而废者十之一，以惰而废者十之九。在艰难度过岌岌可危的创业初期之后，巨海集团慢慢走上了正轨，并不断发展壮大。随着公司业务及规模的不断扩大，天山商厦300多平方米的办公室已经远远不够需求，2011年11月，巨海乔迁至长宁区一套上千平方米的办公室。乔迁那天，鞭炮震耳，鼓乐齐鸣，一派红火繁盛景象。

而几乎就在同一个月，成杰在上海购买了一套婚房。他站在宽敞明亮的婚房里，默默无语。闫敏轻轻走过来，握住他的手，她知道他又思念父亲了。

成杰说：“如果爹还在该多好啊，看到这一切，他老人家一定很开心的。”

闫敏说：“不要太难过了，我们好好努力，爹在天上会看得到我们的成功的，他老人家一定也很欣慰。”

2012年4月26日，成杰和闫敏，在上海举行了简朴而又不失隆重的婚礼。从2007年邂逅，到喜结连理已经整整5年时光了。他们相濡以沫，同甘共苦，相携相扶着在创业之路上一步步前进。

婚礼上，八方宾朋见证了他们永结同心的神圣时刻。

在向父母奉茶环节，成杰来到一位瘦小黧黑、饱经风霜的老人身边，当他将老人牵到台上的椅子上就座时，人们都难以置信风采飒然的成杰老师的母亲竟是这样一位矮小瘦弱的老妈妈。

成杰与闫敏恭恭敬敬地向母亲敬茶，敬完茶之后，成杰把瘦小的母亲搂进怀里，对着全体来宾说：“这就是生我养我的母亲，她吃了大半生的苦，今天，儿子儿媳在这里向母亲承诺，从今以后，我们再也不会让母亲受苦。”

他与闫敏双双跪下为母亲奉茶，淳朴而不善言辞的母亲接过孩子们的茶碗，抿了一口茶，喉头就哽住了，喜极而泣。

当主持人问成杰此时此刻最想说的话是什么，成杰说：“此刻我最想说的是，最遗憾我的父亲没能亲眼看到我结婚，遗憾他永远不能抱抱他的小孙子了……”说到这里，他心如汤煮，难过得无语凝噎，在场宾客无不动容。

那一年，成杰刚满30岁。

三十而立，此时的成杰业已立，家已成，接下来就缺一个可爱的小宝宝了。心想事成，2013年，成杰和闫敏有了一个白白胖胖的娃娃。抱着粉嫩嫩的儿子在怀里，成杰默念着：“爹，您老人家看到了吧，您有大孙子了，您该多高兴啊！”

他深情凝视着刚刚生完孩子虚弱的妻子，抚摸着妻子苍白的脸，感到那句话说得真对：对我们的人生影响最大的，前半辈子是父母，后半辈子就是枕边人，枕边人会决定我们的命运。

成杰很欣慰自己选对了枕边人！

第六辑 慈父音容，永驻心空

—— 慈父，在他怀里失却了温度 ——

几年光景转眼就过去了，可每当成杰想到作家老舍写母亲的那句话时，他心里仍然隐隐作痛。

老舍说："人，即使活到八十岁，有母亲便多少还有点孩子气。失去了慈母便像花插在瓶子里，虽然还有色有香，却失去了根。有母亲的人，心里是安定的。"

在成杰的心里，当他想到这句话时，这句话里的"母亲"自动会变为"父亲"。是啊，如今母亲幸好尚健在，而他永远失却了慈父，他感觉失去了慈父的自己也像插在瓶子里的花，虽然还有色有香，却失去了根。

2011年3月5日，农历二月初一，是成杰这一生也忘不了的日子，这个日子像刀一样永远镌刻在他的脑海深处，任凭岁月潮水如何冲刷，都不可能冲出他的记忆。因为那一天，他挚爱的父亲，永远地丢下了他，一个人走向了永远的虚空。

成杰记得——

父亲永远离开的时间是2011年3月5日上午9点40分。

3月4日那天夜里，成杰一分钟都没有睡，他不敢睡，生怕闭一下眼睛父亲就突然不见了。

3月4日下午他匆匆从上海飞回西昌，风尘仆仆赶回家后，父亲躺在床上，已是非常虚弱，呼吸困难。家里人一直给父亲接着氧气。这台氧气机是几个月前成杰特地为父亲买的。

姐姐悄悄把成杰叫到另一个房间，哭着对他说："前几天在医院里，爹无论如何要急着出院，我们也没办法阻拦，医生说爹可能熬不过这几天，既然回家是老人的心愿，他想在自己的家里走完最后一段路，就尊重他吧。"

成杰走到父亲床边跪下，握着父亲的手，轻轻在父亲耳边说："爹你要坚强，没事的，一定会好起来的。"父亲听到儿子的声音，微微睁开眼睛，微笑着向儿子点了点头。他为父亲烫了一盒牛奶，小心翼翼地喂他喝了下去。天慢慢黑了下来，成杰仔细地为父亲擦脸擦手擦脚擦洗身体。

如今的父亲已经只剩不到90斤，眼眶深陷，颧骨高耸。给父亲擦洗脚的时候，父亲的脚很瘦，脚背上骨头根根支棱着，成杰感到鼻腔一阵酸涩，他强忍下自己的泪意，他不愿意让父亲看到他的泪水。

擦洗好后他对父亲说："爹，舒服些了吧？舒服就好好睡一觉吧，明天一觉醒来病就好了。"父亲听话地合上了眼睛。

成杰默默紧握着父亲只剩下骨头的手，看着形销骨立的父亲，心里无限酸楚。

父亲合着眼睛躺了一会儿，忽然唔唔着示意儿子把脸上的氧气面罩拿开，好像有话要说。成杰拿开了氧气面罩，父亲示意儿子从床头抱出一个小木盒子，让他打开。成杰打开木盒子，发现里面是厚厚的一叠钱和几本存折。

父亲吃力地说：“这里有38000块钱，存折里有4万块钱……大部分都是这几年你给我和你娘的，我和你娘没舍得用，都给你存在这里了……还有一些是以前给人家盖房子挣的，都在这里了……以后，爹也用不上了，都给你，你好好照顾你妈……”

虚弱的父亲说了这么一大串话，累得呼呼直喘，成杰赶紧给父亲把氧气面罩重新戴上。成杰使劲想屏住眼泪，还是没屏住。他流着泪说：“爹您胡说什么呀，你很快就会好起来的！不要胡思乱想，这些钱我不要，留着你跟娘慢慢花。”

父亲忽然紧紧地把儿子的手握住，握得紧紧的。成杰的泪水滴落下来，滴在父亲那瘦骨嶙峋的手背上。

到半夜的时候，见父亲睡着了，成杰悄悄来到院坝里。春寒料峭，虽已进入3月，然而山里的半夜仍是冷得刺骨。

天上繁星点点，在清冷的夜幕里眨着眼睛。人们常说“天上一颗星，地上一个人”，说一个人离开了人世，就能在天上找得到一颗与他对应的星。

可是，即便这是真的，又能怎样呢？那颗星星离得那么遥远，能听到他的呼吸和心跳吗？能听到他亲昵的呼喊吗？能看到他慈爱的微笑吗？都不能了。

想到这里，成杰大颗大颗的泪珠滚落下来。

他跪在院坝里，闭上眼睛，双手合十祈求上天：“求求老天，求您救救我爹，他才58岁啊，花甲之年都还没到，我愿意用我10年的寿命换回我爹的生命，让他跨过这次难关，10年寿命不够就用20年吧。让我好好孝敬他，我这个当儿子的还没来得及孝敬他老人家啊，爹真的就这样走了，我将愧疚一生啊。苍天！求求您了！”

凌晨快4点的时候，父亲被憋醒了，他说很难受，喘不上气。成杰和姐姐就轮流给父亲抚胸揉背，成杰准备天一亮就赶紧把父亲送进医院，毕竟有医生在，会放心一些。

清晨6点多钟，天亮了，成杰准备把父亲送去医院，但父亲强烈地表示不愿意。他已经不能说话了，但他倔强地拉住床架，不肯走。母亲说：“你爹实在不愿意上医院，就算了吧，听他的。”

早晨9点多钟，太阳升起丈把高了，照得万物暖洋洋的，父亲示意想要出去晒晒太阳。成杰想这倒是可以。他先把父亲的氧气机搬到院坝里，然后放上一个舒服的躺椅，在躺椅上铺上软和的被褥，然后再折返回房间去抱父亲。

他把父亲抱在自己怀里，父亲听话地用一只手钩住儿子的脖子。父亲真轻啊，成杰内心酸楚难当，他把脸尽量侧过去，挨着父亲颧骨高耸的面颊。父亲的脸并不暖和，有一些凉，成杰想着多给父亲一些温暖，他把脸贴在父亲的脸上贴得更紧了。

然而就在此刻，令成杰万万没想到的是，当他就这样脸贴脸地把父亲从卧室抱到堂屋时，父亲钩住他脖子的那只手，猝不及防地垂了下去！

成杰一下子像被雷击一样定住了——怀里的父亲停止了呼吸。

这是怎样的一种痛别啊——父亲选择了一个好时机，他舍不得儿子，他选择了当儿子抱他在怀里、与他脸颊贴脸颊的时候，他安详离去，他是想永远记住儿子胸膛与脸颊的温暖啊！

那一刻，成杰一动不动，他就那样静静地抱着父亲，脸贴着脸。他的泪，从眼角溢出，温热的泪，再流到父亲的脸上。

他在心里轻轻地说："爹，放心地走吧，您的亲人们都会好好活着，您仍然永远与我们在一起，永远与儿子在一起。"他固执地认为，逝去的只是父亲衰竭的躯体，升华的是父亲永恒的灵魂。

父亲逝去之后，白天，公司千头万绪的工作在等着他，他通过拼命工作来让自己暂时忘却痛楚。

而每当深夜，虽然身体上已经非常疲乏，但思想却不肯休息。他经常在夜半时分让自己顺着时光的河流溯洄而上，寻找那与父亲在一起的点点滴滴。

那些往事，那些点滴，常常让他不禁呜咽失声，泪湿枕巾……

成杰睿语

人性的回归只有一个字——爱。

爱是生命之王；爱是一种给予；爱是一种接纳。

成大业者心中有爱，无恨！成大业者心中相信，无疑！成大业者心中宽容，无堵！

爱，能够让人一心所向、无所不能，一心所向、无所不达。

—— 与病魔抗争的慈父 ——

成杰记得——

2010年下半年，当时公司已经熬过困难时期，处于快速上升期，成杰每天日理千机地处理着公司各项事务。

这时候，远在老家的父亲肺气肿恶化。而母亲也因为长年在田地劳作，年轻时感染了血吸虫病，导致肝损伤，致使肝部有硬化现象。

成杰打电话说接父母来上海治病，可是父母不答应。他们知道儿子为了事业忙得不可开交，他们什么忙都帮不了也就算了，还要去拖孩子后腿，于心不忍。

但成杰知道，父母的病都不能拖，多次电话劝说无效的情况下，2010年11月，成杰只好放下手头事务，亲自飞回老家把父母接到上海，父母亲同时住院。成杰工作忙，未过门的儿媳闫敏就承担起了照料二老的繁重任务。

上海的医疗条件当然要比老家好很多，半个多月后，父母亲的病情都基本控制住了，然而，住院的费用也是不菲的。

离春节只有一个多月了，原本成杰想让父母就在上海过春节，其实两位老人何尝不想与儿子一起过年。但可怜天下父母心，老人还是心疼孩子们创业不易，能不打扰就尽量不打扰，他们留在上海，公司的事闫敏就一点也照管不上，靠儿子一个人很辛苦，儿子这些日子累得又黑又瘦。

两位老人无论如何要回老家，没办法，成杰只好买了一个吸氧机，亲自把父母送回老家。临走时千叮咛万叮嘱，要父母亲照顾好自己。然而天不如人意，他送父母再返回上海后的二十来天就接到姐姐来电，说由于天气寒冷，父亲长期生病抵抗力弱还是患上感冒了，导致肺部真菌感染，病情加重了，现已住院。此时已快到春节，成杰与闫敏急急赶回西昌。

2011年的除夕是2月2日，当千家欢声万家笑语地围坐在一起吃年夜饭、看春晚的时候，成杰陪着父亲在西昌医院重症病房，他听着外面此起彼伏的鞭炮声，心中无限怅惘。

父亲这次是肺部真菌严重感染，医生已经悄悄地告诉成杰，说父亲情况很不乐观。父亲最近不想吃东西，浑身没有力气，呼吸沉重，经常喘不上气来，憋得嘴唇青紫。

父亲昏昏沉沉地睡着，成杰因为年前上海公司的事千头万绪，劳心劳力，春节又陪着父亲在医院，疲惫不堪的他，不知不觉趴在父亲的床沿睡着了。

不知过了多久，成杰感到自己的头上有一双手在轻柔地抚摸着，他睁开惺忪的双眼。因为一直低着头趴着，猛一抬头，他感觉眼前金星直冒。

父亲说："让我的杰儿受累了，坐着睡不舒坦，上床来一起睡吧。”

“爹，那怎么行？会挤到您的。”

“没事，爹挪挪就没事了，挤挤，床上睡舒服一点。”

父亲不容置疑地让成杰脱了鞋子，和衣躺在了床上，两人各睡一头，比较挤，但还勉强睡得下去。

父亲说：“咱爷儿俩有多少年没在一个床上睡了吧？”

成杰想了想说：“大概有20年了，爹。”

父亲轻轻叹了口气，把儿子的脚搂在了自己胸口焐着，那一刻，成杰的眼眶湿热，他也情不自禁地把父亲瘦得踝骨突起老高的双脚搂在自己的怀里。

爷儿俩就在这医院重症病房的深夜里絮絮地聊起了天……

在成杰的记忆里，父亲一直是一个非常坚强和高大的男人。

成杰的爷爷，在父亲7岁那年就过世了，年轻的奶奶带着孩子苦熬日月。本来奶奶没打算再改嫁，她怕孩子有后爹会受苦，想着一辈子和孩子相依为命算了。然而在那个兵荒马乱的年月里，一个男人活命都不易，何况一个带着孩子的年轻女人。为了生活，奶奶后来还是改嫁了，有了一个后爹。生活艰难，那时候父亲不满10岁，冬天没有鞋穿，赤着脚去山上打柴，山上的荆棘树桩把脚扎得红肿流血，打完柴还要挑着沉重的柴担，走40多里的曲折山路到西昌县城去卖。

父亲一天学也没上过，但他听过戏文里唱“棒打芦花”的故事，每次听到这个故事，父亲都会很难过。

戏文里说古时一个小孩叫闵子，8岁那年母亲去世了，闵子父亲便娶了姚氏为妻，又生了两个儿子。姚氏疼爱自己的亲生儿子，对小闵子很不好。有一次快过年的时候，闵子父亲赶着牛车带着三个儿子外出办事，让大儿子闵子赶牛车。到半路时天气突变，寒风怒号，大雪纷扬。闵子冷得颤抖，手指冻僵无法握紧牛缰绳和皮鞭，牛车翻倒在雪地里。闵子父亲以为闵子故意偷懒，真像继母平时说的那样好吃懒做，非常生气，拾起牛鞭怒抽闵子。不料牛鞭打破了闵子的棉袄，露出芦花，纷纷扬扬，饥寒交迫的闵子被鞭打后支持不住晕倒在地。闵子父亲赶紧撕开另外两个儿子的棉袄，发现里面絮着厚厚的棉絮，父亲顿时明白了一切，回到家后就要休妻。闵子知道后赶紧苦苦阻止父亲，说："母在一子寒，母去三子单。"继母听后非常感动和悔恨，之后对待闵子像对待亲生孩子一样。

父亲正像戏文中的闵子一样，用忠厚和真诚感动着身边的每一个人。

父亲说："爹一辈子没上一天学，一辈子没啥大本事，做梦也没想到成杰能有这么大出息，爹已经很知足了。成杰你明天赶紧带小敏去乡上把结婚证扯了吧，扯好证你们就回上海，公司那么多事情等着做，你们放心回去，爹没事，挺得住，小敏是个好女娃，可要对她好。"

顿了一会儿，父亲幽幽叹了口气说："这辈子最大的遗憾就是不能亲眼看到我的大孙子出生，抱一抱我的大孙子了！"

成杰把父亲的脚搂得更紧了，说："爹，您别瞎想，一定会抱得上大孙子的。"

"成杰，爹寻思着过两天还是出院吧，天天住这里头，太费钱，爹现在没什么大事了。”

“爹，你不要不舍得花那点钱，身体比什么都重要，这点钱，我还花得起！”

但父亲的倔脾气是九头牛都拉不回来的，既然他决定了出院，谁也拦不住的。

出了院，成杰每天守在父亲床前，给父亲喂吃、喂喝、吸痰、接氧，陪他聊天，给他擦身、洗脚、按摩。他觉得很愧对父亲，他知道自己在父亲身边待不了太久的日子，唯有尽心尽力侍奉才能心里好受一点。

初八那天，父亲一个劲地催成杰回上海：工作重要，我没事了，放心工作去。

2月25日，公司要举办新年第一场总裁研讨会，所以确实要尽快回上海去筹备，只剩不到半个月筹备时间了。

回到上海，无论多忙，成杰每天都要往老家打个电话，了解父亲的情况。虽然电话中母亲和姐姐的声音听上去比较平和，但敏锐的成杰还是嗅出了一丝强颜欢笑的感觉。但25日就要举办研讨会了，他也顾不得想许多了。

2月23日，也就是正月二十一那天，成杰开完干部工作会议之后下楼去吃午饭，在去餐厅路上的一个拐角处，他突然看到两个洁白的花圈。那一瞬间，他不明白这个地方怎么会突然多出两个花圈来，他鬼使神差地想到了父亲，他控制不住地哭了。

就在这时候，他的手机突然激烈地响起来，接起来是姐姐的声音，姐姐哭着说父亲病情极不稳定，生命垂危，估计凶多吉少，赶紧回来见一面吧，晚了怕见不上了。

成杰午饭也没吃了，直接往机场赶去，去西昌的机票暂时没有了，只好买了去成都的，再从成都飞到西昌，下了飞机乘上出租车直奔医院。

姐姐告诉他，医生给父亲打了一种控制真菌扩散的针，现在稳定一些了。

父亲看到风尘仆仆的儿子，又高兴又心疼。成杰给父亲洗了脸，还喂了一罐八宝粥，在得知儿子第二天就有重要的研讨会，父亲立刻催儿子："杰儿快回去，那是大事，不能耽误，那么多人在等你，不去怎么对得起人家，回上海吧，爹没事！"

看到父亲的精神状态尚可，成杰答应了父亲的要求——小孝养父母之身，大孝养父母之志。

马上赶往机场回上海！然而没想到的是上海大雾，飞机不是延误就是取消，几经周折，成杰一夜没合眼，终于在2月25日总裁研讨会开始前的两个小时，到达了上海浦东机场，再从机场火速赶往开课现场。到达会场的时候，会场里已经坐满了人，就等他了。

这一忙，他就如上紧了发条的钟摆一样，身不由己，无法停下来。

每天晚上，成杰都要与姐姐和母亲通电话，了解父亲的情况。从3月2日开始，姐姐说父亲一直吵着要出院，连医生都拦不住。后来医生悄悄告诫姐姐，该见的人都赶紧回来见一面。

成杰当然懂得医生的潜台词，3月3日成杰把手头的事情交代一下，就急急忙忙地往老家赶。

……

—— 背着慈父走过天安门 ——

成杰记得——

父亲最崇拜的人就是毛主席，成杰很小的时候，父亲就常给儿子讲毛主席的故事。父亲说毛主席从一个农民的儿子到中华人民共和国最伟大的主席，不是天上掉下来的，是他自己奋斗得来的。毛主席是从枪林弹雨中走过来的，才有后来的成就，大困难才能带来大成功，成功是来之不易的。

虽然父亲没读过书，可是这些话对成杰却产生了很大的影响。父亲从年轻时就梦想，有一天能去北京天安门，去毛主席纪念堂，去瞻仰他最崇敬的毛主席的遗容。

然而那时候小山村里的人，就是县城也很少去，首都北京更是像天边一样遥远，那是一个闪着金光的地方。

2010年12月，成杰带着重病的父亲完成了这个心愿。

他带着父亲，从上海飞往北京，住了一晚后第二天开车前往天安门。天安门前不能停车，车只好停在较远的停车场。天气特别冷，成杰怕父亲累着，干脆从停车场一路把父亲背进了毛主席纪念堂。

12月的北京，已经露出了风霜的味道，病重的父亲穿着厚厚的外衣，仍难抵冷风的问候。从停车的地方到毛主席纪念堂，这是一段并不算短的路程，成杰不愿父亲在冷风中艰难起步，就背着父亲一步一步向纪念堂走去。

父亲不忍成杰背得气喘吁吁，坚持要下来自己走；成杰不忍父亲病重身弱坚决不同意父亲的要求。这一段路，父子俩行走得异常缓慢，仿佛几十年的光景都在他们脚下翻滚、流逝，曾经的高大父亲此刻已瘦弱得像个孩子，曾经的稚嫩少年如今已长成顶天立地的男子汉。生命的交接，岁月的洗礼，都在这一段路程中悄然进行……

当父亲站在毛主席纪念堂里，亲眼见到了心中的伟大领袖时，父亲的眼中泪光闪烁。那闪烁的泪光，有对实现自己多年夙愿的激动，也有对儿子背自己实现夙愿这份孝心的感动。

这是成杰第三次看到父亲流泪。

父亲是一个坚强的人，是个有泪不轻弹的汉子。哪怕生活再苦再难，他也从未掉过眼泪。就算是曾因为盖房子，父亲两次从屋顶上摔了下来，剧烈的疼痛也没让他掉一滴泪。

记得成杰7岁那年的冬天，很冷，当时成杰与一群人在大晒场上烤火，天快黑时，一个比他大几岁的同村孩子跑过来说："阿杰，你爹从墙上摔下来了！"

父亲当时躺在地上，伤得很重，有好几个大人正在帮他治伤，那时候父亲一定很痛，但是父亲默默忍着剧烈的疼痛，没有流一滴眼泪。可是为了这个家，父亲没休养多久就又带着伤出去干活了。

父亲第二次从房顶上摔上来是2004年的元月3日，那一年，成杰在绵阳漂泊，穷困潦倒，当成杰接到父亲从房顶上摔下来的消息时吓蒙了。他借路费赶回老家时，才知父亲摔断了三根肋骨，可是父亲怕花钱就是不肯上医院，硬是自己寻些药膏敷着。

断了三根肋骨，不上医院，那该有多痛，可是父亲仍没有掉一滴泪。

父亲的两次流泪，成杰深深地记在心里。

第一次是在成杰童年的时候，那时成杰身体很不好，父亲常常背着他走几十里山路去县城治病。有一次成杰昏迷了很久，醒来时看见父亲流着泪水不停地在哀求医生："求求您医生，一定要治好我的娃！"

那一幕过去近30年了，还常常涌向成杰的眼底。

父亲的第二次流泪，是在成杰读初中二年级的时候，那时候，家里养了一匹红色的母马，那匹马非常听话，常常帮父母亲拉车，干农活。那年冬天，红母马怀仔了，可是不知道怎么回事，开春的时候，母马生病了，请村里的兽医来也没有治好，怀了仔的母马奄奄一息的时候，眼里突然滚出大颗大颗的泪珠。父亲当时也流泪了，父亲说，母马是舍不得肚里的孩子啊。

成杰看到父亲的第一次流泪，是因为爱，爱孩子；第二次流泪，也是因为爱，爱与自己朝夕相处的牲口伙伴，是一种悲悯之心。

虽然父亲很爱成杰，但是他并不会溺爱孩子。父亲只有成杰这一个儿子，也从没有娇宠他，而是严格地教育他。成杰犯了错误，父亲会用一根柳树条子打他，但从来不会在成杰饿着肚子的时候打。每一次，父亲都会先忍着怒火，等成杰吃完饭之后，才拿出那根柳条，教育他。

少年时的成杰，是个很内向很自卑的孩子，走路总低着头弓着腰，见到人也不说话，父亲经常严厉地教育他："人要昂首挺胸，抬头做人。"

父亲虽然是个大字不识的农民，但是对成杰人生的影响是巨大的。厚重的生活是孕育朴素的生活道理最好的土壤，成杰从小就是在父亲那一句句浅显易懂的话语熏陶下长大的。父亲的朴实、善良、坚忍、仁爱等优秀品质都为成杰日后的成功埋下了伏笔。

父亲鼓励成杰好好读书，说读书能改变祖祖辈辈面朝黄土背朝天的命运："杰儿，种菜老婆吃菜脚，做鞋老婆打赤脚，种田人苦啊，要好好读书改变命运。"父亲的话怎么感觉与北宋诗人张俞那首《蚕妇》有异曲同工之妙呢？"昨日入城市，归来泪满巾。遍身罗绮者，不是养蚕人。"同样流露着底层劳动者的辛酸和不平。

父亲经常鼓励成杰多动脑子，说："杰儿，经常用的钥匙是闪闪的，不停淌的泉水是清亮的。"成杰就想，哟，爹还真棒哎，《吕氏春秋》里那句"流水不腐，户枢不蠹"得到了如此浅显易懂的表述，吕不韦老先生看到了怕是要汗颜了：俺为啥就弄得之乎者也天书一样，让人看不懂呢？还要学堂老先生们一遍遍摇头晃脑地解释："枢，门闩、门轴亦是也；蠹，专食器物者，蠹虫亦是也。"成杰不无骄傲地想，还是我爹的表述浅显易懂！

都春天了还在下雪，爹说，一场冬雪一场财，一场春雪一场灾；都快小暑了天还不热，爹说，四月不拿扇，急煞种田汉；气温骤升热得人呼哧呼哧，爹就说，人在屋里热得跳，稻在田里哈哈笑。

那时候的成杰，对父亲是佩服得五体投地，觉得爹的脑袋瓜子就是一本百科全书。

成杰后来离开家乡，去外面闯荡了，爹也经常会嘱咐他一些生活、做事、做人的道理，话不多，但往往一语契领。

当成杰一人在外时，父亲不放心，会提醒他多注意身体，说："杰儿，晨起皮包水，睡前水包皮，别忘了，对身体好。"成杰知道，那是父亲让自己早起喝一杯清水，晚上睡觉前要泡泡脚，保持身体健康。

当成杰在前进的路上畏缩了，父亲就鼓励他："撑死胆大的人，饿死胆小的鬼。人要干事情，胆子要大心要细。"

当成杰向父亲诉说在外不易时，父亲说："上山擒虎易，开口告人难。出门在外肯定不容易，树靠人修，人靠自修，自己多努力，提高自己的修养和能力，就会慢慢好起来的。"

当成杰创业后，父亲经常告诉他："人无完人，金无足赤，对员工要宽容，要爱护，要懂得散财，人散财聚，财散人聚，否则没有人会贴心贴意跟你一起拼的。"

……

—— 追忆慈父，砥砺前行 ——

时至今日，父亲的话犹在耳畔。成杰想，天下的父亲似乎都是这样，平日里不像母亲那样温言软语，对孩子千般叮咛万般叮嘱，但总在关键时刻，如及时雨、雪中炭，为孩子送来甘霖和温暖。

当困顿难熬时，父亲是一盏照亮前路的灯；当力不从心时，父亲是一块踏脚的石；当渴求时，父亲是一泓生命的泉水；当努力时，父亲是精神上那根坚强的支柱；当成功时，父亲是鼓励得最真诚、笑得最开心的那个人。

记得父亲过世百日时，成杰赶回老家为父亲烧百日纸。

当他推开家门的时候，习惯性地喊了一声：“爹、娘，我回来啦！”可是等来的是母亲轻轻的应答和啜泣声。

那一刻，成杰陡然意识到，自己永远把父亲弄丢了。这个世界上，再也没有那样一扇门，他一推开，里面就会有一张慈祥、关爱、期盼、皱纹如花绽放的笑脸。

夜里，虽然时令已至6月，可是成杰还是感觉冷夜如此凄清。回忆是往昔的忧伤、想念的泪和痛，在午夜梦回时，他的眼前总是浮现父亲在自己怀里时眼角那颗浑浊的泪珠。

子欲孝而亲不待，是人生最大的哀痛。

父亲的肺气肿已经有很多年的病史了，可是那些年，成杰为了基本的生存在日子的艰辛与夹缝里左右突围，根本没有余力照顾到父母双亲。而今，事业终于有了一些起色，想好好孝敬双亲，弥补一点这些年来的亏欠，可是，做梦也想不到，父亲竟然走得这么匆匆！

总以为来日方长，总以为尽孝有着无限的机会，然而人生电光石火，稍纵即逝。青灯照壁人不眠，冷雨敲窗被未温。成杰觉得此生最大的遗憾恐怕就是：父亲的舐犊深情自己永远无法回报了。

长夜无眠，他在自己的手机上，一字字一行行，一边流泪一边写下了一篇很长的文章，一字字一句句都是说给另一个世界的父亲听的。

从那以后，成杰深深懂得了，生命本身隐藏着多么不堪一击的脆弱，所以无论儿女当下境况如何，都不要让孝心迟到，不要让父母久等，要及时行孝，但求无悔。

因此，后来的巨海公司，成杰大力推行孝文化，开展“孝道之星”评选——一个懂孝行孝的儿女，基本会是一个爱岗敬业的好员工。

父亲人奔西土，音容宛在。成杰日日为事业奔忙，总能感觉到父亲殷切慈爱的目光在一路追随、注视，为他平添许多勇气与动力。

一个深夜，他辗转反侧睡不着，在笔记本上写下对父亲的无尽思念：

都说风，能把石头吹裂，

都说雨，能将钢铁锈蚀，

都说岁月，能把脊梁压弯。

父亲，

唯有您的意志，

百折不挠，千磨不变，

挑起全家老小，

一生的重量。

突起的青筋，

是力量筑就的长城，

愚公移山的精神，

从这里延伸。

被风雨垒起的岁月，

刻在父亲您的额角，

深深地勾勒出智慧与人生。

落花业已去，

父亲您的身影如今在何方？

逝去的痕迹盖满了遍地枯叶，

萋萋芳草早已销声匿迹。

独自的雨夜，

天地有泪，铅云含悲，

我惶惶不可终日的等待，
终于因您的不再归来，
而变成酸楚的泪，
在眼里泛滥成灾。

父亲，
自您离开以后，
从此我就丢了温暖，
即使在熙来攘往的人群里，
也掩盖不了我深重的寂寞。

岁月何故如此匆匆呢?
那无数个苦不堪言的日子里，
父亲您给了我，
无言的教化，
您以永远的执着，
为我把生命之路开拓，
呵，父亲，
我是您放出的希望的帆，
而您，
就是那永远承载我生命的河……

第七辑 携手巨海，大展鸿鹄之志

—— 演说家论道，刮起演说风 ——

2011年9月24日至26日，巨海公司带着厚重的使命感和责任感，举办了“演说家论道”盛典。

这是一次别开生面的论坛，这是一次中国教育培训界极高规格的精神大餐。本次论坛特别邀请了共和国演说家李燕杰教授、刘吉部长和彭清一教授，以及其他演说界著名前辈，在上海滩刮起一股演说风。

20世纪80年代，有4位演说家红遍大江南北。他们是李燕杰、刘吉、彭清一和曲啸。他们是中国投身教育演说事业的先行者，四人都平均讲课3000场以上。他们以塑造民族魂为己任，是代表中国最高演说水准的演说家。

当三位老一辈演说家在台上共同演说的时候，他们都感慨万千，纷纷感谢成杰提供了这样一个同台演说的“论道”道场。因为他们这30多年来，虽互闻大名，却因工作等原因，此次还是第一次同台演说。

李燕杰教授在现场用3个小时的时间娓娓而谈国学新概念；刘吉部长则以自己的亲身经历，为在场的中小企业家们阐述了一个真正的共产党人是如何做到共产党员是块砖，哪里需要哪里搬；彭清一教授则带领近千位企业家齐声朗诵："一个人没有激情和热情，是很难成功的，激情和热情是什么？就是一个人对工作和生活高度责任感的体现！"

三位泰斗级演说家都感慨颇深，刘吉部长说："'演说家论道'站在新的起点上，是对演说事业的贡献！"

李燕杰教授深情地说："'80后'成杰先生能搞这么大的事业难能可贵，成杰先生，是我的忘年之交，他是我的年轻朋友之中颇有影响力的年轻演说家，他也是我们中华教育艺术家协会的成员。我作为老一代的教育艺术演说家，为他这些年来取得的业绩感到十分高兴！"

彭清一教授说："是人才不一定有口才，而口才好者一定是人才。成杰为演说付出的心血与努力，必将开花结果，他一定能让更多人拥有丰富的交往能力，从而促进自己事业的发展。"

这次盛典，成杰作为"80后"演说少帅主讲了《为爱成交》；世华集团姜岚昕老师主讲《使命的力量》；亚洲超越极限许伯凯老师主讲《引爆生命力》；没有双腿，"身高"85厘米的激励演说家半丁老师用激动人心的演说让很多人流下了感动的泪水……

此次"演说家论道"是教育培训行业中的超级盛会，更符合现代企业家不仅追求利润，更追求精神提升的需求，不仅把握了时代特征，还弘扬了真善美，给人以奋发向上的精神力量。

对话青音，回顾“魔术10年”

2011年11月24日凌晨0点，是一个令成杰难以忘怀的时刻，因为这一天，他走进了中央人民广播电台，与主持人青音面对面，深情讲述自己的“魔术10年”。

主持人青音，中央人民广播电台著名主持人，国内最具影响力的夜间情感广播节目主持人之一，中国播音主持“金话筒奖”得主，CCTV特约心理专家，是一位在主持人和心理治疗师两个专业领域跨界传播的知名媒体人。

美丽知性的青音用她那空灵而动听的声音，以一个个言简意赅的提问形式，让成杰自然、自如地顺着往事的脉络，一路追溯了自己的10年蜕变之路。

电波此岸，是主持人青音与嘉宾成杰默契而睿智的问答与访谈。

电波彼岸，是难以计数的听众在夜阑人静之时，静静倾听这位名叫成杰的年轻人不平凡的10年光阴。

那么，现在，让我们也一起来重温这不平凡的10年光阴吧。

主持人：青音

嘉　宾：成杰

青音：“有首歌的名字叫《十年》，今天晚上我们节目的主题也叫《十年》，待会儿我们将听到一个10年传奇人生的精彩故事。这儿先问下收音机前的你，从2001到2011年，这10年你收获了什么？下一个10年呢？想想如果你10年如一日，毫无收获，10年之后，你生活在不甘心不甘愿里。假如你没有为未来做任何事情的话，那么在下一个10年，你拿什么来面对自己。

有这样一位年轻人，他用了10年，从在刺骨的寒风里摆地摊儿卖报到今天成为多本畅销书的作者；他用了10年，从曾经的迷茫到今天在几万人的舞台上挥斥方遒；他用了10年，从63多天找不到活儿衣食无着到今天成为亚洲培训界的领军人物；他用了10年，从一天只有五块钱收入的小餐馆服务员到今天的过亿身价。

他叫成杰，一个从大山里走出的‘80后’，一个成功的企业家，如今的他正在实现着捐建101所希望小学的梦想。今晚，我们从企业家成杰残酷青春的人生里寻找自我生命的价值，我们来听听别人的故事，同时也收获自己的生命感悟。

成杰老师，许多朋友都在分享着他自己的10年。当你听到有些朋友在餐馆打工或者修车，你是不是会想到当年的自己？”

成杰：“应当说10年前我也差点去修车了。因为当时在农村，如果没有上大学，要么回来和父母一样种地，要么去当兵，还有一种出路就是去学一门技术。10年前，学修车还是一门很不错的技术。”

青音："如果修车，现在开个修车行也不错，现在私家车这么多，但是这显然不是你当年的梦想。"

成杰："是的。"

青音："在刺骨的寒风里摆地摊儿卖报，63天找不到活儿衣食无着，一天只有五块钱收入的小餐馆服务员，这真是当时的你吗？"

成杰："想起10年前的自己，真的觉得这10年我自己发生了魔术般的改变，10年的人生，翻天覆地。2001年2月16日，我带着560元从老家西昌坐了整整12个小时的火车到了省会成都，又从成都到了绵阳。"

青音："你这一天记得非常清楚。"

成杰："我对有意义的数字都记得非常清楚。我做每一个动作都会记下来，我相信这是我人生改变的一个起点，所以我把2001年2月16日记得非常清楚，那是我走出大山的日子。"

青音："你拿560元是出来摆地摊的吗？"

成杰："没有，出来找工作！我受一个初中同学的影响。我们一起读初中，他毕业后又读了两年技校，后来毕业了分配在长虹厂工作。而我在家种地，想去学少林功夫。"

青音："还剃了个光头去少年寺？"

成杰："其实我以前是有带着2100元准备去少年寺的，可是到了成都之后被表哥劝回来了。"

青音："当时被表哥怎么劝回来的？"

成杰："当我到了成都时，我的表哥说，你去少林寺干什么？

我说，学武术，包分配。因为那些年包分配是个非常完美的词。他问，包分配干什么？我说，当保安！”

青音：“这小子多憨啊！”

成杰：“觉得能分配工作就是很美好的事。后来，我初中同学春节回来，讲外面的世界有多么多么地美。我就在他的诱惑和鼓励之下，走出来了。我非常感谢他，如果没有他的指引，我就很难走出来。当时唯一的想法就是去工厂当个工人，从农民到工人，当时就觉得很骄傲。”

青音：“你还安装过空调？”

成杰：“对，在最炎热的7月份。工厂里招工，要求高中学历或中专，但是当时自己只有初中学历，没有办法，只好去干这种艰苦的活儿挣点钱。”

青音：“听到这儿，想必收音机前的朋友跟我一样，憋不住要问，你是怎么样掘到第一桶金的？”

成杰：“应当说回想起来蛮不可思议的，10年前找不到工作，做餐厅服务员，后来摆地摊。”

青音：“还得躲着城管，城管一来就忽拉赶紧逃跑。”

成杰：“从餐馆出来就去摆小地摊卖书，那时候喜欢文学、喜欢看书听广播，因为经常看书，就想如果看书不花钱多好。本来收入就不高，还花钱买书，挺心疼的。有一天我去买书，发现一个书摊卖书特别便宜，我就想把这些书批发回来到开发区去卖，因为开发区有很多工人，比较繁华。于是我晚上去摆地摊卖书。在马路边随时做好逃跑的准备，因为城管会来抓。那时候我很内向，很自卑，有时候被城管抓几次后就很沮丧。有一次城管要收走我的书，收走就没饭吃了，当时我在凳子上坐了很久，想想为什么我的人生会是这样的？”

青音：“刚才说到的是10年前的你，是青年时代的成杰，你为什么会突然摇身一变，变成今天这样了？”

成杰：“应当说2001年的经历是很丰富的，摆地摊不仅是为了生存，更为了学销售。后来在最炎热的7月安装空调，安装空调是一份非常辛苦的体力活，很多人都不愿意干。但是为了生存，我去了空调安装队安空调。”

青音：“那你装空调就变成现在这样了吗？我们还是特别想知道你是怎么转变的。”

成杰：“安装空调很辛苦，后来天气凉快就又失业了，所以回工厂做搬运工。白天上班，晚上摆地摊，到了2002年年底，生活有点安稳了，于是我的目标和梦想又放大了。2003年在我父亲和姑姑的支持之下，我开了一家书店。那一段日子，我的生活过得很充实，每天早上起来到山上读书，练演说，挑战自己。2003年7月17日，在一个朋友的推荐下，去参加了两个小时的演说，被老师的演说所吸引，被老师的魅力所折服，我当时就想：这不就是我想要的人生吗？这不就是我追求的结果吗？于是，第二天一大早我就跑到公司找到他，要加入他的团队。软磨硬泡了半个小时，老师一开始坚决不接受我，但最终他被我打动了，给我一个星期的时间，不行就回去继续开书店。就这样我留了下来，每天第一个去公司，大量拜访陌生客户，敲写字楼的门，站着打电话，庆幸的是，通过自己的努力，在第五天，我一次卖了三张课程的门票。从此，我踏入了教育培训行业，我的人生随后发生了魔术般的改变。”

青音：“其实之前你做的所有事情都是一个累积。”

成杰：“是的，我觉得每一次经历都是一笔财富，包括苦难。当你经历苦难的时候，你会更加珍惜今天的拥有，我经常说：珍惜才会拥有，感恩才会天长地久。”

青音：“当你经历了那么多磨难，再来说人生要付出，苦难是一笔财富，就非常有说服力了。我想现在坐在收音机前的你，想想你现在所吃的苦对你的将来有什么样的意义，你要配得上自己所受的苦——我想今天的节目对你就是一个提醒了。”

青音：“收音机前有很多朋友和我一样，对成杰老师的这10年叹为观止，10年就可以发展成这样。收音机前会有很多朋友好奇你的口才怎么练成的？”

成杰：“要学会让你的演说更有内容，让你个人更有魅力，我个人提出几个小小的建议，如果你愿意去付出行动，那么相信你的口才一定会好起来。一个人从不知道到知道靠学习，从知道到得到靠行动。首先要阅读，思想是底片，演说是照片，思想是内在的沉淀，照片好不好，得看底片。要大量读书，当你知识积累越多，你的思想才会渗透出来。第二需要朗诵。我在10年前喜欢文学、朗诵和演说，我当时读了改变我一生的书——《世界上最伟大的推销员》。在不断的朗诵过程中，锻炼自己的口才和手势。我在马路上、在广场上、在山上练过演说，2007年来到上海，又面对黄浦江演说

101天。”

青音：“不管是对着河还是对着山，你要开口去说，去训练。”

成杰：“是的，要实践。比如你今天看了个很棒的故事，你要讲给你的朋友、家人听，学习是智慧的升华，分享是生命的伟大。成长最快的时候就是你教别人的时候，所谓开卷有益，开口有才。你要让你的口才变得更好，要结交口才好的人。物以类聚，人以群分，你和口才好的人在一起，你口才不好都不好意思，你会想办法提升自己。再有就是你要学习一些专业演说的课程。或许你十几年学不会的东西在三天内就可以学会。我也欢迎大家来参加我的课程学习。”

青音：“刚才成杰老师的方法我非常有触动，要去积累、实践、不怕吃苦、不怕丢脸，只要肯下功夫，一定能做到。”

成杰：“一个人的决心很重要，当你确定了一件事后，你必须下定决心。为什么我们每个人都有梦想和目标，但是有些人会半路放弃？还是他决心不够大。”

青音：“决心不够大，或者是给自己找理由。说到决心啊，不得不说你的另一个决心，你立志用毕生的时间和精力建101所希望小学。”

成杰：“从立志到今天，一直不变。我成杰要用毕生的时间和精力捐建101所巨海希望小学。”

青音：“听说你也是刚刚从希望小学回来，现在捐了几所了？”

成杰："昨天在西昌捐建的是第二所，还有99所。"

青音："怎么想到捐希望小学了？"

成杰："因为小时候家里条件很不好，我也没有上过大学。2008年汶川地震震动了中国，震惊了世界，那时我们所有的华人紧紧团结在一起，也让世界人民感受到了华人的力量。"

青音："因为你是四川人，对于家乡受灾你心里着急，你就想为这些孩子们做些什么？"

成杰："是的，地震后6月12日我参与了'跨越天山的爱'大型慈善义讲，当时我和80岁高龄的彭清一教授同台演讲，在我们和新疆慈善总会的共同努力下，当时募集了近100万元善款。当时我就下定决心，要用毕生的时间与精力捐建101所巨海希望小学。

青音："说干就干，你真的是一个非常有行动力的人。"

成杰："一个人想得再好，但不去行动，他的梦想都永远只是梦想和想法。去年7月捐助了第一所希望小学，是一位非常优秀的企业家和我共同捐赠的。后来我才了解到他已经捐建了8所希望小学，他就是山西百圆裤业的老板杨建新。昨天我们捐助了第二所希望小学，以后每一年都会以1所、2所或3所这样的速度来捐建。帮助影响成就更多的生命，我身边有许多企业家被我感召，也参与到这个活动中来。"

青音："今天晚上我们听到了一个怒放的生命，真的非常给力。节目马上就要结束了，在最后想给我们全国观众分享些什么？"

成杰："今天非常高兴有这样的机会，能同青音老师来跟大家一起分享，一起探讨人生的点点滴滴。10年磨一剑，人们往往过高估计一年可以做成的事情，却往往低估10年可以完成的梦想。10年梦想，影响世界。当我们有了伟大的梦想，然后不断去行动、去学习、去沉淀、去改变、去精进、去提升、去修炼自我，你的梦想一定会早日实现。如果你想了解我更多的故事，可以看看我的书《从优秀到卓越》，如果你想提升你的演说能力，可以看看积累了我9年从事演说的经验之书，叫作《谁是下一个演说家》。你努力，你付出，你就是下一个演说家！”

成杰睿语

人生中的每次付出就像对着空旷的山谷呼唤，你没有必要期望谁能听到，但那悠远绵延的回音，就是生活对你最好的回报。

—— 牵手乔·吉拉德，十招成为最伟大推销员 ——

2012年4月12日，在上海同济大学的会议大厅里，一场振奋人心的演说正在如火如荼地进行着。

两位演说者，一位是年轻的成杰，另一位是来自美国的演说家，他就是“世界上最伟大的推销员”——乔·吉拉德。两位演说家精彩的演说让现场爆发出一阵又一阵热烈的掌声和欢呼声。

成杰的精彩演说自不必说，他的每次演说总能引爆听众的热情和能量，他的精神总能鼓励和感染到很多的听众。这次乔·吉拉德从美国远道而来，成杰特意放低姿态，将自己变成一朵绿叶，衬托出乔·吉拉德这朵“鲜花”更耀眼的光芒。

那一天的演说，人们看到了一个完整的、立体的、多维度的乔·吉拉德，对这位将自己的人生从最幽深的谷底经营到最高峰巅的传奇“汽车推销员”产生了深深敬意。

乔·吉拉德，1928年11月1日生于美国密歇根州的“汽车之城”——底特律市的一个贫民家庭。

9岁时，小小的乔·吉拉德就开始在酒店给人擦皮鞋、送报纸，赚钱贴补家用。

16岁，他无奈辍学，当起了一名辛苦的锅炉工，锅炉房繁重的劳动和污浊的空气让他患上了严重的气喘病，他不得不结束这份工作。

17岁，他成为一名泥瓦工，帮人盖房子。但后来工作总是不稳定，35岁之前，他是一个患着严重口吃的人，换过四十个工作仍旧一事无成，甚至在走投无路之下去当过小偷，还孤注一掷地开过赌场，最后都失败了。35岁那年，乔·吉拉德负债高达6万美元。

因为患有严重的口吃，乔·吉拉德甚至从来没有想过要成为一名销售员，因为销售员都是一些巧舌如簧的人。但为了生存下去以及养活妻儿，他被迫走进了一家汽车经销店。在主管怀疑的目光中，开始了人生孤注一掷的冒险。

然而，让所有人大跌眼镜并感到匪夷所思的是，短短3年之后，这个口吃的乔·吉拉德，竟然以平均每年销售1425辆汽车的成绩，打破了汽车销售的吉尼斯世界纪录！

他在15年的汽车推销生涯中总共卖出了13001辆汽车，平均每天销售6辆汽车，而且更令人吃惊的是，这些销售的汽车之中，没有一辆是团体团购的，完全是一对一销售给个人的！

他成为全球单日、单月、单年度，以及销售汽车总量的世界纪录保持者，他所缔造的纪录，至今无人能打破！

他是跻身“汽车名人堂”唯一的汽车销售员。

位列“汽车名人堂”的人物都是汽车业界的先驱与灵魂人物，包括亨利·福特、本田宗一郎、恩佐·法拉利等。出身于底特律破败贫民窟的穷孩子，到跻身于底特律最高贵的“汽车名人堂”，这样云泥之别的人生跨越，被这个名叫乔·吉拉德的人做到了，他是凭着“销售”二字做到的。

那么他究竟有什么与众不同的“销售奥秘”呢？

当他演说到这里的时候，所有听众似乎都屏住了呼吸，想听他传授“终极秘诀”。可这个可爱的小老头却淡淡一笑说：“我没有什么特别的秘诀，其实我乔·吉拉德所能做的，其他人也都能够做到。”

乔·吉拉德总结了他的十点销售“秘诀”。

这八点，每一点都是不可多得的人生财富，值得细细品咂、学习与收藏。

销售成功秘诀第一点：

牢记“250定律”。

何谓“250定律”？

“250定律”就是每个顾客的背后都站着至少250个人。比如说，如果你在一年开始的时候得罪了2个顾客，那么到年底时，你可能就失去了500个潜在顾客。这不是危言耸听，因为一个顾客的背后站着250个人，你得罪了一个等于得罪了250个。而这250个顾客每个人后面同样站着250个人，这样的叠加和连锁效应，会令人感到不可思议和恐慌。

因此，乔·吉拉德得出一个结论：不管在任何情况下，都不要得罪哪怕是一个顾客。在他的推销生涯中，他每天都将250定律牢记在心里，抱着生意至上、顾客至上的态度和理念，控制自己的情绪，尽力不以任何原因而怠慢客户。因为只要赶走了一个顾客，就赶走了成百上千个潜在顾客。同理，如果赢得了1个顾客的心，那么也就赢得了成百上千个潜在顾客的心。

乔·吉拉德说："与顾客成为朋友，顾客就会帮助我，我每与10名顾客成交，就有6名是回头客或是慕名而来找我的，我业务量的60%是这类顾客带来的。所以要控制好自己的情绪，善待每一个顾客。"

有诸内必形于外，所以控制情绪应"从心开始"——留意你的思想（thoughts），它会成为你的言语（words）；留意你的言语，它会成为你的行动（actions）；留意你的行动，它会成为你的习惯（habits）；留意你的习惯，它会成为你的性格（character）；留意你的性格，因为它会决定你的命运（destiny）。

销售成功秘诀第二点：

遍撒名片，向每一个人推销。

乔·吉拉德有个习惯，外出时身上无时无刻不揣着名片。他把名片印成与美元类似的浅浅的淡绿色，让人一看到就觉得挺喜欢，上面印着他的姓名、联系方式，以及更重要的透露出他的职业：汽车销售员。

他随时随地地派发名片，去餐馆用餐完毕埋单时，把名片夹在账单中，甚至去运动场看比赛，他也会尽可能地广发名片，或许有人觉得这种做法有点奇特，但乔·吉拉德的确从这样的方法中得到了很多顾客。

他认为作为一名推销员，脸上并没有写自己是做什么的，只有广发名片，才能让每个人都知道乔·吉拉德是卖汽车的，那么等到有一天他们真的想买汽车的时候，说不定就能想到乔·吉拉德。这样就无形中多了更多的销售机会。

销售成功秘诀第三点：

尽可能建立详尽的顾客档案，更多地了解顾客。

乔·吉拉德说："这一点很重要。其实销售从真正意义上说，销售的不仅是商品，更多的是销售者本身，无论你销售任何东西，最有效的办法就是让顾客信赖你并喜欢你。如何让顾客信赖你并喜欢你，就要让顾客感觉到你喜欢他、关心他。"

不论你销售的是什么东西，你都要每天花点时间来了解你的顾客，了解他的家庭、年龄、爱好、学历、职务等等信息，收集到第一手资料然后做好档案，这些都是有用的情报，为今后更好地沟通做好准备，铺平道路。

知己知彼，百战不殆。只有了解了顾客，你才能有的放矢地跟他沟通与交流。交流久了，彼此甚至成为好朋友了，一切都好办了。

销售成功秘诀第四点：

猎犬计划，让每位顾客成为你的"猎犬"，帮你带来客户。

所谓猎犬计划，是指当一位顾客成交之后，乔·吉拉德会给一叠自己的名片和一份类似于“奖励计划书”给顾客，告诉他只要他介绍一位顾客过来，成交之后，他就会获得多少数额的现金奖励。

用这样的方法，乔·吉拉德的许多客户都是老客户转介绍过来的，每名老客户都很主动地成为他的“猎犬”，帮他带来新的“猎物”。

以后这些顾客至少每年都能再次收到乔·吉拉德的感谢信以及“猎犬计划书”，告诉他们当初的承诺依然有效，如果再介绍新顾客来，奖励照旧。

猎犬计划的关键是一定要“言出必行、一言九鼎”，承诺的奖励一定要兑现。那么老顾客在尝到转介绍的甜头之后，会不断地转介绍。

销售成功秘诀第五点：

让顾客“闻产品的味道”，让产品本身吸引顾客。

顾客亲身体验产品，比你费尽口舌夸产品一万句来得有效。所以乔·吉拉德在推销汽车的过程中，从不会阻止顾客试车，而且还特别鼓励顾客把车开出去，甚至顾客可以开着新车带上自己的家人在朋友面前炫耀显摆一番都可以。从乔·吉拉德的经验来看，几乎所有把车开到家里的顾客，最后都成功成交。

让产品吸引住顾客的感官，离成交就近在咫尺了。

销售成功秘诀第六点：

诚实固然是正确的，但不能绝对诚实，销售过程中，“善意的谎言”也是必须的。

乔·吉拉德说，诚实是销售人员极为重要的一项品质，我们不可能将一辆六汽缸的汽车卖给顾客说是八汽缸的，这是愚蠢的，顾客事后掀开车盖，数数配电线，你就死定了。所以这种诚实是必须的。

但有些情况下就不能太过绝对诚实。比如顾客来买车，带了太太和小孩来，那个小孩其实在你眼里丑得要死，可是你也要最好说：“哦，孩子好可爱啊！”必要时候还要抱起来亲一亲。虽然顾客心里可能知道你未必说的是真话，但你这“善意的谎言”他们爱听，这就会很快拉近你们之间的距离。

还有比如顾客开来一辆非常旧的车，让你给估一下价，如果你“诚实”地说：“哦，这车实在是破得不像样子了，这样的破车还想卖钱，白送可能都没人要！”你就死定了。这时候，你可以说：“逊尼先生，您的驾驶技术真高，否则这辆车一般人开15万公里早就成了一堆废铁了。”这话既告诉顾客这车已经没什么价值了，又夸了顾客一番，顾客会很高兴，当然容易成交。

销售成功秘诀第七点：

真正的销售始于售后。

有些销售员成交之后，就把顾客抛诸脑后，这种一锤子买卖是非常愚蠢的做法。乔·吉拉德认为真正的销售是始于售后的，此次的成交既是本次推销的结束，又是下次推销的开始。

一名好的销售员在成交之后如果还继续关心顾客，那么他将赢得老顾客的同时，也能吸引来新顾客，形成滚雪球效应。

为了保持住与客户的沟通，每个月乔·吉拉德都要给顾客寄贺卡，反正美国每个月都有节日，1月份祝贺新年，2月份祝贺华盛顿诞辰日……不过这的确是一项比较烦琐的工作，缺乏耐心是不行的，但是乔·吉拉德之所以能成为乔·吉拉德，正是他的优秀品质铸成的。乔·吉拉德记住了他的客户们，客户们当然也记住了他。

销售成功秘诀第八点：

销售一定要学会自信。

美国前第一夫人埃莉诺·罗斯福曾说："没有得到你的同意，任何人也无法让你感到自惭形秽。"乔·吉拉德认为销售人员更是如此，销售人员真正销售的不是产品，而是销售员自己，所以如果把自己看得低人一等，那么在别人眼里就真的低人一等，你还如何顺利销售你的产品？

乔·吉拉德出身于一个贫寒的家庭，从小被父亲认为是一个"没有出息"的孩子，父亲的看法一度让小吉拉德感到非常自卑和懦弱，同时患上的口吃让他更加自卑，加上后来人生路上的屡屡不顺，让他越来越没有自信，越来越消沉。

他人生的前35年，自己都认为自己是最糟糕的失败者。幸好他还有个时时鼓励自己的母亲，母亲说："乔，你要证明给你父亲看，证明给所有人看，你是一个了不起的人，你不要气馁，要自信起来！"母亲的鼓励让乔·吉拉德看到了希望，他努力使自己振作和自信起来，点燃追求成功的火焰。

他在茫然无措，背着一身债务的情况下，得到汽车销售员的职位后准备背水一战。上班第一天，他的积极努力就有了成果，他成功地向一位可口可乐销售员卖出了人生第一辆车。

第一辆车卖出之后，他立刻向老板预支薪水，然后飞奔去超市买了食物回家让妻子儿女饱餐一顿，看着妻儿因为饥肠辘辘而狼吞虎咽的样子，他心酸得想哭，他在心里面暗暗地发誓：从今之后再也不会让妻子为温饱而愁苦，再也不会让孩子因饥饿而啼哭。

正是这种自信，缔造了后来的销售神话。甚至他自信地说："我敢打赌，如果你从我手中买车，到死也忘不了我，因为你是我的！"

这不是狂妄，这是深入骨髓的自信的流露！

的确，自信不仅对销售员，对任何一个人来说都是至关重要的品质。一个人除非对自己有信心，否则绝不可能给别人带来信心，只有对自己自信的人，才能使别人信服。

销售成功秘诀第九点：

销售一定要学会倾听和微笑。

乔·吉拉德说，有两种力量非常伟大，一是倾听，二是微笑。

看有些销售员急于把自己的商品推销出去，就在那里喋喋不休地对着顾客狂轰滥炸，最后把顾客吓跑。其实这时候，你所需要做的，就是倾听。这一点，乔・吉拉德做得非常好。

最开始是因为他有着严重口吃，这让靠嘴销售谋生的乔・吉拉德不得不特地放慢说话速度，没想到这竟然歪打正着，他发现他因此竟比其他人都更能聆听客户的需求与问题，他倾听得越认真越长久，顾客对他的信赖感越强。

另外，在与顾客交流的过程中，一定要全程保持微笑，微笑可以增加销售员的面值，可以感染顾客。你在笑时，全世界都会跟着一起笑。

乔・吉拉德是一个喜欢笑的人，他的脸上经常挂着自信的笑容，露出洁白的牙齿。面带笑容的他看上去总是那么充满活力，充满感染力。在舞台上演说的时候，他的肢体语言也很丰富。

倾听与微笑曾经让他收获了一个意想不到的忠实顾客。那一天，一位老年妇人走进店来，嘴里不停地说着什么，乔・吉拉德微笑着迎上去，打完招呼之后他并不急于打断那位妇女，而是耐心地听她在絮叨些什么内容。

原来这一天是她的生日，她想买一辆白色的福特车给自己作为生日礼物，可是福特销售员告诉她白色车暂时缺货，让她过一个小时再去，所以她就逛到乔・吉拉德这里来了。

乔・吉拉德悄悄对助理说了句什么，然后继续听着妇人絮絮叨叨，间或随声附和几句。不一会儿助理抱着一捧娇艳欲滴的鲜花回来了，乔・吉拉德微笑着把鲜花送到妇人手上，并祝她生日快乐，生活幸福。

这一幕让妇人感动得热泪盈眶，她说她已经很久没有收到这么漂亮芬芳的礼物了。正好乔·吉拉德的雪佛兰车也有一款漂亮的白色车，妇人当即决定舍福特而改买雪佛兰车。

乔·吉拉德用他的倾听、微笑还有一捧鲜花得到了一部车的订单。

销售成功秘诀第十点：

销售一定要有足够的耐心。

20世纪60年代，“汽车城”底特律有数十家汽车营销店，每家店里都有四五十位专职汽车营销员，而作为“营销菜鸟”且有着严重口吃毛病的乔·吉拉德，想要在这样严酷的生存环境中杀出一条血路，谈何容易？

但乔·吉拉德说：“通往成功的电梯往往是不管用的，想要成功，就只能一步一步地往上爬。”

没有任何人脉的乔·吉拉德，只能靠着一部电话、一枝笔和几页电话簿来一点一滴拓展客源。只要接通了电话，他都要千方百计地收集客户的点滴信息。他吃了很多闭门羹，但总归还是有一些收获。

有些客户原本是为了拒绝他而敷衍说：“我两年之后才有买车的打算。”但即便如此，乔·吉拉德没有忘记他，经常保持沟通和追踪，两年后乔·吉拉德会旧话重提，这时客户往往就会遵守诺言真的购买。

乔·吉拉德的耐心还表现在始终坚守“销售员”这个位置和称号上。15年间，业绩突出的乔·吉拉德曾经面临好多次升迁和被挖角的机会，但他都总是婉言谢绝了，他名片上始终都是“汽车销售员”。

他说：“当领导只管理，而我却是真正为公司和自己赚钱的人，我喜欢销售，销售才能真正体现我的价值。”他在销售第一线从事推销工作，享受每一次成交带来的成就感和财富奖赏。今天卖出了6辆，他准备明天能够卖出10辆，在这样不断超越自己的成就感中，他乐此不疲，每成交一次，感觉像被顾客升迁了一次一样。

乔·吉拉德说：销售的要点是，你不是在推销商品，而是在推销自己。

乔·吉拉德说：销售是一种令人骄傲的职业，你必须喜欢自己所从事的这项工作，才能为工作神魂颠倒，你脑海中只有一个念头：我的产品或服务一定会得到顾客的青睐。

乔·吉拉德说：Impossible（不可能），去掉im，就是possible（可能）！要勇于尝试，之后你会发现你所能够做到的连自己都惊异!

乔·吉拉德说：“优秀的销售人员是塑造的，而不是天生的。如果我能做到，你也能！”

乔·吉拉德说：大家都要对自己保证，保持热情的火焰永不熄灭，告诉自己，我是我生命中最伟大的，没有人跟我一样，上帝造了我之后，就把模具毁掉了，就算没有指纹，也能从众多人中识别我。

……

正是这些优秀品质，让他从一个贫民窟出身的贫寒孩子，成为了亨利·福特二世的邻居，让他成为了令人敬仰的“伟大推销员”。

所有以上这些“秘诀”，乔·吉拉德在与成杰一起的演说，以及与3000名听众的互动中，慷慨地倾囊而授。听众享受到了一次极有价值的“销售秘诀”盛宴，他们非常感谢成杰老师筹备并举办了这一次高水准演说！

成杰睿语

学而知不足，不足而知学。

春天不播种，秋天仓廪空。

我今天的收获，是我过去付出的结果；假如我想增加明天的收获，就要从当下增加今天的付出。

联袂马克·汉森，教你轻松成为亿万富翁

成杰举办的“演说峰会”，总会让与会者感受到惊喜，并且获得很大收益。

上一次在同济大学，人们从“最伟大的汽车推销员”乔·吉拉德那里学习到了珍贵的十条“销售成功秘诀”。而这次在巨海集团主办的“‘引爆正能量’国际领袖峰会”上，人们又从“当代最具影响力的畅销书作者”马克·汉森这里学习到珍贵的“成为亿万富翁的五项秘诀”。

从行业领袖人物身上汲取现有的成功经验运用于自己的人生，比自己苦苦摸索几十年而不得要领要明智得多。这是一个事半功倍的选择。

2013年9月27日，巨海集团主办了“‘引爆正能量’国际领袖峰会”，在1000多人的会场上，有一位高大睿智、名叫马克·汉森的美国人与成杰一起将演说现场变成了一个智慧碰撞的大磁场。

在这个演说现场，人们了解到了马克·汉森非同寻常的心路历程，更重要的是得到了他宝贵的“如何成为亿万富翁的五项秘诀”。

有一个美国人，在他26岁那年，从做生意失败破产，一度低沉

得想要结束自己的生命。9年之后华丽的蜕变，成为一位超级畅销书作家和全球性的超级演说家。

他就是畅销书《心灵鸡汤》的作者。

《心灵鸡汤》系列图书，单本即创下全世界销售1亿6000万本的纪录，全系列书籍已突破240种，翻译超越50种以上语言，创造美金近20亿元的惊人销售金额！

马克·汉森本人也成为当代最具影响力的畅销书作家，已撰写出版近300本畅销书籍，他与世界潜能激发大师安东尼·罗宾、纽约房地产大亨唐纳德·特朗普、《富爸爸穷爸爸》作者罗伯特·清崎、最伟大的催眠师马修·史维一起并称为全球5大演说家。

他还是一位慈善家，他不仅自己积极捐助，而且立志帮助全球100万人成为亿万富翁，并且要求他们捐出所得的百分之十回馈社会。

在1000多人的会场上，马克·汉森无私地分享了他成为亿万富翁的五项人生秘诀。

第一，下定决心成为有钱人。

要想成为有钱人的第一步，就是要先花一分钟下定决心成为有钱人，跨入有钱人的行列。当穷人把时间浪费在抱怨命运的不公平或自怜自艾上时，聪明的有钱人却在思考着怎样才能更有钱。

第二，千方百计找到导师，学习并模仿。

下定决心追求成功后，在跟别人比聪明、比努力的基础上，更重要的是跟别人比谁拜的老师顶尖。

第三，团结协作，选对伙伴，凹凸互补，黄金组合。

爱因斯坦说：“单一一颗原子弹发挥不了任何作用，而只有当两颗原子弹互相撞击时才能产生巨大无比的威力。”

第四，建立顶尖人脉。

美国人际关系权威哈维·麦凯说：“不要等到口渴才挖井，人脉必须平时就该建立。”人脉不只是钱脉，更是命脉，当你有顶尖的才智再加上顶尖的人脉，你就能够创造巨大的财富。

第五，构建“无形关系”，成就未来。

马克·汉森认为，世界上有一种属于信任、运气、机会和命运变化的精神关系，比如慈善，他相信把所得的10%捐献出去，也就是捐献自己十分之一的力量，这种慈善会让财富更加扩大。另外，维持自己的诚信，也是一种无形关系，可以确保长期成功。

马克·汉森经过多年研究，他把成为亿万富翁的理财术分成了三个阶段：

第一个阶段：梦想。建立亿万富翁的心态，也就是自信和强烈的渴望。你必须先看到自己向往的东西，你才能实现。别人怎么想并不重要，关键是你自己怎么想，只要你相信有可能，事情就可能会实现！

第二个阶段：团队。吸引导师和高明的伙伴，协助你实现梦想。如果能够本着和谐一致的精神与导师及高明的伙伴交往，获得他们的特质、智慧、习惯和思想的力量，你的大脑就能增添其他人的能量。

第三个阶段，主题。选择和运用一种以上的基本致富之道，迅速赚钱。知识是潜在的力量，把知识融汇到一项致富之道之中，并付诸明确的目标，它才能转化为财富。

……

马克·汉森的分享引爆一阵又一阵热烈的掌声。

随后，马克·汉森又分享了一个理念：如何理解企业家与企业家思维，一个企业家能改变这个世界吗？对企业家的事业该如何理解？——“成为企业家必须有企业家的思维，在每一个人的心中，都有一个终极之源，那就是把你的领导潜力释放出来。”

随后，共和国演说家彭清一，以及巨海的讲师都一一分享了自己的所思与感想。

彭清一说：“作为企业家，你们给多少人解决了就业问题？你们为国家做了多少事？企业发展了，你们有钱了，你为国家交了多少税收？从这个意义上，我就要说，今天的企业家都是伟大的爱国者。一个人如果贪婪，只想索取，不想奋斗、拼搏、学习，那将失去人生的价值！”

巨海集团董事长成杰说：“我发现所有行业都可以赚钱，但是没有一个行业像教育培训一样能够帮助别人改变命运来得有意义，有价值。一个人一生朝着一个方向去努力奋斗，就没有做不成的事情，人因行动而卓越，所以一个人的成功不是你懂得多少，而是你做得多少。我说我要建101所希望小学，很多人觉得太夸张，很多人觉得太遥远，我就每天早晨起床一口气做101个俯卧撑，每做一个俯卧撑我就告诉自己，在我的生命中又即将多建一所希望小学，多建一所希望小学就即将帮助、影响、成就更多人的生命。”

巨海集团副总裁秦以金说：“快乐的核心不是去做你喜欢的事情，而是喜欢上你所做的事情，一个人从不知道到知道需要学习，从知道到做到需要训练。”

……

三天的领袖峰会让现场的1000多位企业家获益匪浅。

成杰睿语

一切未经准备而站在听众面前的演说者，都无异于在“裸体示众”。所以，要想演说成功，要想在公众演说时保持放松的心态，让演说更自然自在自信，还是“先把衣服穿好吧”。

—— 联手约翰·库缇斯，化腐朽为神奇 ——

2014年11月28日到30日，整整三天时间，两位大师携手多位重量级嘉宾，在“‘引爆正能量’国际研讨会——商业传奇与精神传承”大型峰会上再度引爆正能量，研讨会现场气氛如火如荼。

在此次峰会中，“80后”演说少帅成杰与“国际激励大师”约翰·库缇斯联袂演说，用自己各自化腐朽为神奇的人生经历，点燃了现场千人的心灵之火。

成杰在演说峰会现场，郑重地向1000多位听众介绍了这位大师：

请大家回答这样一个问题：如果是你，在人生中经历如下毁灭性的劫难，你会怎样——

刚出生，只有一只矿泉水瓶大，脊椎以下没有发育，两腿细小如青蛙腿，此病医学命名为“先天性骶骨发育不全”。医生说这孩子活不过一个月，建议父母准备后事吧。

童年时，髋骨以下全无知觉，拖着两条细如麻秆、畸形软弱的双腿终日陷于轮椅。在学校，不懂事的同学将他当成怪物，任何人都可以欺负他，他们恶作剧地拆掉轮椅的刹车，让轮椅不受控制地飞驰；将他绑在教室的电扇上，然后开动电扇，让他随着电扇旋转。

刚成年时，为了避免畸形双腿的骨髓炎引发并发症，双腿高位截肢。手术后，他成了真正的“半截人”。依靠带四轮的小滑板，以手当腿一步步滑行。因为异于常人的生理特征，他遭受了无数无情的嘲弄与欺凌，忍受了常人难以想象的屈辱和痛苦。

30岁时，他被丘彼特的爱箭射中，正准备结婚时，却被查出罹患睾丸癌，生命已时日无多。

约翰·库缇斯，从一个屡次身患绝症的无腿半截人，到如今著名的励志大师，在世界190多个国家进行了近900场演说，他证明了奇迹的存在。

巨海集团董事长成杰同样出身寒微，同样屡经磨难，却用演说创造人生奇迹，演绎人生华丽；他矢志不渝，用行动缔造商业传奇！

是的，总有一种力量让人心潮澎湃；总有一种精神令人无限神往！

成杰说：“每一个灾难都是毁灭性的，而这些灾难，都集中在一个人身上。假如，我是说假如，这些灾难发生在你自己身上，想过没有，你会怎样？你可能会用最痛苦的表情来回答我。”

“那么现在，就让我们来看看这些灾难的真正承受者——约翰·库缇斯先生是如何来回答这些灾难的吧。他的回答，让我们看到了属于生命的灿烂微笑，那微笑，像阳光一样照彻心灵！”

此刻，约翰·库缇斯坐着小滑板车“走”上演说台。他向听众们挥手致意，听众爆发一阵热烈的掌声。

他面带微笑回答了成杰前面提出的那些问题——

当约翰的父亲含泪准备初生儿子的后事时，他发现，这个小得可怜的生命，仿佛有着一种不可思议的力量，竟顽强地一天天、一月月地活了下来。

受尽屈辱的童年，曾让小约翰萌生了自杀的念头，是母亲深情的拥抱和亲吻唤回了他，母亲说：“约翰，你虽然肢体残缺，你却是妈妈生命里遇到的最美好的一件事，是上帝给妈妈最好的礼物，永远都是！”从出娘胎就经受苦难的约翰有着一颗早熟的心，他知道，为了爱他的妈妈，他要活下去。

18岁成了“半截人”的约翰，开始艰难地趴在滑板上敲开一家家店门找工作，他想自食其力，他不愿成为废人。

得知患了睾丸癌后，他没有消沉，阅读大量关于睾丸癌的资料，良好的心态再积极地配合治疗，一年之后，死神离开了他。他终于结婚了，妻子是一位名叫丽恩的美丽女士。约翰感到非常幸福，虽然丽恩带来的儿子有肌肉萎缩症、心肌功能障碍等病，但约翰相信一切都能够战胜。

是的，正如约翰·库缇斯所说的那样，生活不是完美无缺的，生活像一朵遍布尖刺的玫瑰，虽然那些刺令人生畏，但也不全是坏事，还是忘掉那些刺，去品味一下玫瑰花的娇艳与芳香吧。

在这鲜花与尖刺并存的人生里，我们永远不要对自己说“不可能”！

成杰睿语

成功分两半：一半在上帝手中，那是宿命；一半在自己手中，那是拼命。

相信是万能的开始，相信会给你无穷力量，越信就越相信，越相信就会越信！

一个人改变自己叫自救，一个人影响众生叫救人

成杰的演说，有一种神奇的“精神感召”的魔力。因此很多听众、很多企业家都想成为成杰的弟子，但成杰一直婉拒。

虽然古人说过：“弟子不必不如师，师不必贤于弟子，闻道有先后，术业有专攻。”但成杰认为，收弟子还是严谨为妙，因为一旦收为弟子，这位弟子就贴上了师父的标签，打上了师父的烙印，弟子的一言一行都会对师父有影响，一损俱损，一荣俱荣。

因此成杰对弟子的考察一直是慎之又慎，严之又严，而且绝不轻易收弟子。

但在2012年12月8日，巨海集团4周年庆典大会上，成杰收下了嫡传弟子秦以金。成杰之所以决定收秦以金为弟子，是因为他真正感动了成杰，成杰认为秦以金正是经过浴火重生的雄鹰。

成杰知道一个人要完完全全割舍旧有的生活方式、思维习惯是非常困难的，但秦以金做到了。他不仅做到了，还做得非常好，完成了真正的涅槃，获得了真正的重生。可见真正的决定是可以改变命运的。

正是秦以金这种浴火重生、弃旧迎新的真诚态度打动了成杰。

秦以金第一次聆听成杰的演说，是在2011年12月30—31日。

然而，仅仅两天时间，秦以金的内心被深深震撼。

2011年12月31日演说课程结束之后，秦以金的内心波涛翻滚，久久难以平静，直到半夜他还是睡不着。

他通过朋友几经周折终于找到了成杰老师的手机号，他怀着激动而忐忑的心情给成杰老师发了一条短信：“尊敬的成杰老师，您好！我是秦以金，今天听了您的演说，我深深地被您的创业经历和人生故事所打动，被您那无限的舞台魅力和大爱格局所征服，我发誓我一定要追随老师，成为一个像您一样的生活强者，像您一样的超级演说家！”

那时候已经是深夜近12点了，他写好短信之后，犹豫了很久，究竟是发送还是不发送呢？发送吧，又觉得冒昧和唐突。他想成杰老师一定已经休息了，这样会打扰到他的，白天演说已经够累了。

但他无论如何都睡不着，最后还是决定把信息发送出去，他想大丈夫做事就要雷厉风行，敢拼敢闯。当他按下发送键的时候，心跳加速，他不知道这之后等待他的是什么。他想都半夜了，成杰老师是不可能回复的了。

然而，令他惊喜万分的是，几分钟后，一声清脆的短信提示音穿进他的耳膜，他双手微微发抖地打开看。

成杰老师的回信言简意赅，铿锵有力：“以金：只要用心，就有可能；只要开始，永远不晚。以金，你一定可以的！”

短短20多个字，秦以金却一遍一遍地读着，他感觉那些字个个重如千钧，敲在心上，响起雄浑的回音。

那一夜，他兴奋得睡不着。为自己在35岁的人生里，遇上成杰老师而庆幸，那个在讲台上挥斥方遒的“80后”青年，如一束燃烧的火炬照亮了他的心，让他预感到自己35岁以后的人生将进入一个洞明烛照的全新境界。

再过几小时就是2012年了，每次到了新旧年度交替的时候，秦以金都会抚今追昔，感慨万千。而这次的抚今追昔，将是完全不同的一次。

秦以金生长于安徽省一个小县城，20多岁时，就去浙江等地闯荡，没几年就挣了不少钱。30岁出头，就开了30多家美容美发店，是个有着不小名气的企业老板。

口袋里有了一些钱，再被一些不怀好意的阿谀之徒奉承奉承，就飘飘然起来，他变得骄傲自满、自以为是。这之后的秦以金，被一些社会上的“坏朋友”影响，慢慢迷失了人生的方向，像一叶小舟漂荡在茫茫的海洋上，看不到前路在何方。

人一旦没有了方向，没有了目标，就会变得浑浑噩噩，麻木不仁。他每天跟一帮“哥们儿”吃喝玩乐，醉生梦死，常常通宵达旦，白天又经常睡到中午或下午才懒洋洋起床，整个人恍恍惚惚，没有精气神。

其实在他的内心深处，他是不愿意接受目前这样的生活状态和精神状态的，他也知道这样不对，但就是不知道路在何方。对自己这样形同行尸走肉的生活，他内心也很厌恶，却不知如何去改变，因此慢慢地，他的脾气变得很坏，暴躁、爱发火，像一个火药筒，一点就着。他还害怕学习，拒绝学习，不爱聆听亲人的规劝。

在亲人的眼中，他慢慢地变“坏”了，不再是以前那个亲人熟悉的以金了。秦以金自己也明显地感到家人对自己的冷落和惊惧，他的心里更加焦灼。如此恶性循环下来，他都不知道该如何是好，内心深处也很痛苦。

然而没有料到，在2011年的最后3天，当他偶然遇到成杰老师之后，他的世界仿佛突然就来了个乾坤大挪移，从此天翻地覆。秦以金后来把这解释为“缘”“运”或者“命”，是他命中注定该遇到成杰老师，也注定这个贵人将会影响他35岁之后的全部人生。

后来秦以金在成杰老师的著作《从优秀到卓越》一书中读到这样一则“鹰的重生”的故事，他的内心受到巨大的震动。

鹰是一种猛禽，它凭借其巨大的翅膀、尖利的喙以及坚硬锋利的脚爪成为天空的霸主，自然界的强者。

然而，在这样的强者背后，有着那样打动人心的重生过程。鹰的平均寿命周期大约只有40年，但是这并不是鹰的生存极限，鹰可以通过换翅、换喙、换爪总共耗时150天的去旧换新过程，将生命周期延长到70年。

这个去旧换新的过程就是鹰的“重生”过程，这个重生过程是极其艰难而痛苦的，所以并不是每只鹰都会选择这个过程，大部分的鹰在到了生命的转折期的时候，就会待在自己的巢内静静地等死，只有少部分生命力顽强的鹰会飞到很高的地方，选择“重生”。

这是一个经历炼狱般的过程：

重生的第一步是除去老化的喙。鹰必须用头抵着粗糙的岩石，在石壁上一下下地摩擦，把老化的喙皮一层层磨掉，直到完全剥离。难以想象这必须要忍受怎样的痛苦，而此时的鹰已无法进食，它只能凭借体内不多的能量来支撑自己的生命，在痛苦的煎熬中静静等待，等待着新的喙慢慢生长出来。

重生的第二步就是把爪子上老化的趾甲一根根拔掉。这个过程鲜血一滴滴洒落，而鹰必须忍受着，等待着新趾甲的重新长出。

重生的第三步是用新长出的趾甲把身上又长又重的羽毛拔掉。这个过程鲜血淋漓，疼痛难忍，当新的羽毛长出来后，鹰才算完成了重生。

此时的鹰，有了全新的尖喙、全新的利爪、全新的丰羽，它精神抖擞，焕发出了全新的生命活力，它高昂着头颅，睥睨着脚下的绵延山脉，然后一声长啸，一头扎进那碧蓝的深处！

这个鹰重生的故事，让秦以金血脉贲张。

受潮的火柴擦不出明亮的火光，萎靡的人生激发不起蓬勃的活力。只有进取重生的人生更能激发出恢宏的乐章，乐观的人生才能领略到更多的风景！

真正的勇士，敢于面对一切人生的挑战，在跨越中寻找人生的豪情与意义。

他觉得之前36年的人生都白活了。以前所过的生活，是没有灵魂的生活。他要跟随成杰老师，去实现生命的意义与价值。他决定像鹰一样“重生”！

他把2012年1月1日定为他新生命开始的第一天。

他做了两个重大改变，第一个改变，每天早晨5点45分准时起床。这在以前是不可想象的。如今他每天早晨6点前起床，向成杰老师学习，早早起来做俯卧撑、读书。他记得成杰老师告诉过他，著名佛学家、教育家南怀瑾先生曾经说过一句话："能控制早晨的人，方可控制人生。"当别人还在被窝做白日梦时，你已经提前走在为梦想拼搏的路上了。

第二个改变，为了挑战自己，也像成杰老师面对黄浦江演说那样，秦以金也从元旦节那天开始，到杭州铁沙河旁的城东公园，面对着铁沙河，面对着来来往往的行人，练习演说！

2012年1月1日之后的秦以金，心中有了伟大的目标，有了影响和改变更多人命运的理想，他变得爱学习了，能够静静聆听别人的话语，能与别人进行深度交流。

在家人眼中，这一年时间，以金是脱胎换骨了，他心态好了，脾气好了，讲话慢了，连面相都变了，成了孝敬父母、体贴妻子、爱护孩子的好儿子、好丈夫、好爸爸，家里人都高兴得合不拢嘴。

当家人知道他的这一切改变都是因为成杰老师时，家人难以表达对成杰老师的感恩之情，非常支持以金尽早拜成杰老师为师。

然而哪有那么容易啊，这半年来，秦以金多次提出要拜成杰老师为师，都被成杰老师婉言相拒了。他说："如果你真的有决心，那就先去讲101场免费的公益演说吧，所有的提高都是先从公益开始的。"

成杰原本只是想考验一下秦以金，心想他手里还有那么多美容美发连锁店，他不可能抛掉自己的企业去全心全意做公益演说的。没想到秦以金二话没说，一口答应接受挑战，从2012年6月24日开始，他追随成杰，讲了101多场免费公益演说！

当别人问起他："企业丢下了行吗？"他说："当我自己成长了，员工也会跟着成长，我现在虽然表面上退出了企业的管理，但我是授权给其他得力的人去做，企业一切都照常运转。我每隔一段时间，去给员工上上课，做做培训，员工们的状态比我天天坐在那里管理更好，变得更有正能量了！"

2012年1月1日到2012年12月8日，近一整年的时间，秦以金以自己的真诚和执着一点一滴感动着成杰，他自己也不知道，他离成杰老师心中合格弟子的标准还有多远，但是，他的决心永不改变。

无论是1年、2年、5年、10年，或是一辈子，他都会一如既往地跟随成杰老师，因为他深深感恩成杰老师，是成杰老师让他重新找到了人生的方向，让他懂得了人生真正的意义与价值，让他如一只苍鹰一样"重生"，拥有了第二次生命、第二个心灵！

水滴石穿，金石可镂。

2012年12月8日，在巨海公司4周年庆典大会上，秦以金终于成为了成杰老师的入室弟子！

秦以金，这个堂堂七尺男儿，当场泣不成声。

那一刻，秦以金告诉自己：从此，自己将要用满满的自信和热忱去走过36岁之后的每一个春夏秋冬！

在拜完师之后，成杰抓起秦以金的手高高举在空中，当着全场嘉宾的面，饱含激情地说："从今天起，我多了一份责任。我要好好协助秦以金，争取利用1—2年时间，把《打造商界特种部队》这门课传授给他来讲。”

这一刻，秦以金的内心充满感激、自豪、无比荣幸，这一刻，秦以金发誓要成为恩师最优秀最骄傲的弟子。

秦以金暗下决心，一定不会让恩师失望，他发誓要用一年的时间把《打造商界特种部队》课程完整地讲出来。经过努力，他仅用了6个月的时间便从恩师成杰的手中接过了《打造商界特种部队》这门课程。

第一次讲《打造商界特种部队》，他怎么都想不到，曾经站在台上演说不到5分钟的人能够讲三天两夜，并且深深感动了在场的所有学员，得到了学员的一致认可与好评。

从此，秦以金携带《打造商界特种部队》开始了属于自己的教育培训生涯，他希望一路走来，能帮助、影响、成就更多人。如今，《打造商界特种部队》已经召开了125期，每一期都获得圆满成功，都受到企业家及其团队的高度赞扬。

每个人都会皈依于一个地方，这个地方是他生命价值的发挥地，是他人生梦想的实现地。在巨海这片肥沃的土地上，秦以金如同一棵树苗，接受成杰的浇灌、巨海的滋养，茁壮成长、精进。

2014年12月19—21日，第186期《一语定乾坤》暨巨海六周年庆典在上海隆重召开。

时至今日，巨海如同一匹黑马驰骋在教育培训行业，发展蓬勃之势，让所有的企业家学员感到不可思议，也让巨海的所有同仁感到震撼。

在巨海6周年即将召开之际，鉴于秦以金对巨海集团的付出与贡献，成杰把他叫到办公室说："我想晋升你为巨海集团副总裁。"听了成杰的想法，秦以金不停地摇头否决。他说："恩师，我为巨海的付出远远不够，况且我的能力还不能胜任副总裁一职，如果您晋升我为集团副总裁的话，我会受之有愧。"

成杰说："这是巨海发展趋势所需，你荣升为集团副总裁，能够把所讲课程和公司的管理融为一体，从而更有利于你的发展，况且作为讲师，一定要把'讲'和'做'紧密结合起来。"他明白恩师的用意，恩师希望他有更多更好的发展机会，他真心感谢恩师。

在此次庆典上，当恩师亲手给他颁发晋升证书的时候，他心中充满激动，充满感动。站在舞台上，他当着在场所有的企业家及巨海的家人讲道："从今天开始，我肩上的任务更重了。因为责任的增多，会让我的人生之路走得更稳，更坚定。我要把这份责任与使命延续下去，为巨海同仁及巨海客户的成长奉献毕生的精力！"

荣升为副总裁之后，秦以金更是兢兢业业，任劳任怨。他时常告诉自己："在巨海，我如果没有认真工作，没有用生命服务巨海，那么我将对不起恩师，对不起巨海的所有同仁，是恩师给了我第二次生命，是恩师使我蜕变成更好的自己，是巨海同仁的默默支持，让我的人生更加精彩。"

因为一份执着，一份奉献，一份忠诚，一份爱，秦以金将生命融入巨海，将毕生的精力交给了教育培训行业。在巨海，他的生命越来越绽放，他的付出越来越光彩夺目。

阿尔弗雷德·阿德勒说："奉献乃生活的真正意义。"

秦以金也说："奉献于巨海是我生活的真正意义所在。"

他的奉献与付出精神，感动了成杰，感动了巨海的同仁，得到了他们的认可，他也因此被称为"最具巨海魂的人"。

在走过的30多个春秋里，秦以金从没有刻意纪念自己的生日，甚至生日到来的时候，他却一点都不知道，在亲人提醒下，他才突然觉得光阴如白驹过隙，而自己又老了一岁。于是，在亲人的祝贺声中，继续忙碌或者停下手中的工作，吃碗长寿面为自己庆生。

加入巨海后的每年生日，成杰都会送给他不可思议的生日礼物，并为他庆祝。2013年7月，正值他生日到来之际，成杰送给他一份可以"光宗耀祖"的礼物——为他策划出版了一本书——《选择与放弃的人生智慧课》。

加入巨海后的某一天，成杰问秦以金："你准备什么时候换车？"

他说："40岁之后。"

成杰又问："你准备换什么车？"

他说："法拉利或者路虎。"

不知过了多少个日日夜夜，秦以金自己都忘记了这个换车的话题，而成杰依然记得。就在2014年7月份，秦以金生日即将到来的前一天，成杰对他说："走，以金，我们去一个地方。"秦以金问："恩师，我们要去哪里？"成杰老师保持神秘地说："到地方，你就会知道。"

成杰带他来到路虎4S店，指着一款豪华路虎说："这款车怎么样？"他说："太棒了，大气、奢华！"然后接着问："恩师，你终于要买车了？”

“好，就买这款！”成杰老师掏出自己的银行卡，办理了缴费手续。

“这款车是我送给你的生日礼物。”当成杰将车钥匙放进秦以金手心时，秦以金以为自己听错了。

2014年8月6日上午，在上海金钱豹大酒店门口，在巨海集团上海分公司和杭州分公司全体同仁的共同见证下，鞭炮声阵阵响起，礼花漫天飞扬，秦以金开着路虎车缓缓而来。在酒店门口，他把车停下来。巨海家人们高举着“热烈祝贺秦以金老师提取百万豪车路虎”的牌子热烈欢呼，纷纷祝贺。

秦以金走到成杰面前，深深鞠躬……

事后，秦以金说：“恩师在自己没有成家、没有买房的情况下，就已经捐建了第一所希望小学。而我又怎能太过于执着物质追求呢？在没有加入巨海之前，我渴望有豪车、住洋房。现在，开什么样的车，对我来说，已无关紧要，重要的是，我能否不断精进成长，能否跟随恩师一起利益众生……感谢恩师，完成我在40岁之前换车的梦想。无论恩师送给我什么样的礼物，都是对我加入巨海之后蜕变及付出的肯定，是给我的最大鼓励。”

2015年7月份，正值秦以金又一个生日到来之际，成杰说要送给他一份更加有意义、更加不可思议的礼物。

他依然坚决拒绝：“恩师，我在巨海已经收获太多，太多，我的改变、绽放，是从遇见恩师开始；我心中的爱、善良、慈悲，也是在遇到恩师之后得到升华。这些已经是您送给我最好的礼物，我还奢求什么呢！”

成杰说：“这份礼物具有重大意义。我记得你在没有走进巨海之前说过，你的梦想是和我同台演说。这么多年过去了，你一直在讲打造高绩效团队方面的课程，我在讲演说力、领导力、领袖智慧方面的课程。我们很少同台演说。我要送给你一堂有千人参加的《打造商界特种部队》课程，并且，我要和你同台演说！”

听恩师说送给他一堂千人《打造商界特种部队》课堂，秦以金激动无比；而且能和恩师同台演说，更是他梦寐以求的事情，也是他多年以来的梦想。

他无比激动地说：“恩师，谢谢你！”

自从成杰把《打造商界特种部队》课程交给秦以金，这4年来，成杰从未讲授《打造商界特种部队》这门课程。这次能讲授，并且为秦以金撑台，让秦以金的内心充满感动！他能够感受到恩师对他的器重，能够感觉到他们之间非同一般的师徒缘。

2016年7月14日，是秦以金加入巨海第四年的生日，成杰老师为他策划出版了畅销书《我就是我　生命就是一场华丽的蜕变》。

生日这天，原本应该陪在母亲身边的秦以金，却选择来到课程现场，他甚至没有回家和母亲说一句话，便马不停蹄地从《打造商界特种部队》的课程现场，赶到了昆山金陵大饭店。

早晨醒来，他发了一段视频给自己的母亲说：“亲爱的母亲，感谢40年前您给予我生命，今天我原本该陪着您，但是4年前，恩师给了我一个带着灵魂的生命，所以，我必须来到会场，因为我有我的责任和使命！”

如今，随着巨海集团的不断壮大，秦以金的生命更加绽放。

他依然与成杰一起奋斗在普度众生的道路上，他用感恩、善良、慈悲之心对待当下的每件事，用真诚、宽容、一颗赤子之心对待生活中的点点滴滴。

威利·纳尔逊说："当我开始计算所获得的恩福，我的生命就立刻焕发光彩。"

是啊，感恩就如磁铁，越感恩，越被赐予得更多。

一个懂得感恩的人，必是一个纯粹的人，他能立于红尘滚滚的大千世界，依旧保持着一颗赤子之心，享受每一个当下，爱己爱人，最终带着比出生时更纯洁的灵魂，离开这个世界。

我已不是我，可我还是我！

成杰睿语

拥有爱的人是快乐的，

给予爱的人是幸福的，

充满爱的世界是温暖的。

—— 携手巨海，大展鸿鹄之志 ——

成杰非常爱说一句话：“人们往往过高估计自己一年所能完成的事，却又过低估计自己十年能完成的梦想。小心你的梦想，它会变成现实！”

成杰的梦想已然变成现实！而且严格意义上说，只用了6年时间。

巨海从2008年创立，发展到2014年，整整6年时间。而这6年，巨海所走过的是一条光辉之路、梦想之路、奋进之路，同时也是一条荆棘之路、跌宕之路、坎坷之路。

2014年12月21日，巨海迎来了6周岁生日。

巨海集团董事长成杰老师、国际功夫巨星陈天星院长、巨海企业家讲师团首席讲师秦以金老师、巨海集团各大高管携巨海同仁和“孝道之星”父母出席了本次盛会。

在此次盛会中，巨海教育集团隆重邀请了巨海客户及老朋友一起共襄盛举。

另外，为了庆祝这一盛大庆典，巨海集团还隆重邀请共和国演说家李燕杰教授亲临现场，为在场近千名嘉宾带来智慧宝典。

6周年庆典在一段热情洋溢的舞蹈中拉开帷幕，李燕杰教授、总裁成杰及副总裁刘育良精彩致辞后，他们与陈天星院长等其他巨海管理层共同点亮了6周年启动球。

启动仪式上，一段视频将巨海的发展历程一一展现在每个人的眼前：

2008，是一个数字，一个起点，一份最初的梦想；

2014，是一段征途，一种历史，一种信念的力量。

6年的风雨兼程、艰苦奋斗，巨海绽放成长、收获累累。

6年来，巨海经历风雨，饱含激情，从最初的5个人创业到如今几百人的精英团队；

从最初的一家公司发展成为30多家分公司及合伙公司；

从最初160平方米的办公室到今天迁入近2000平方米的整层办公楼……

一路走来，承载了太多的汗水和泪水，也铸就了太多传奇故事和辉煌。

仅仅2014年这一年，所收获的累累硕果，就足以令人慨叹与感动——

1月，成杰荣获“2013年十大杰出青年川商”光荣称号。

2月，“中国达人秀”最具感动歌曲《从头再来》的演唱者、“食在高包子”创始人——高逸峰走进巨海，并走进成杰课堂。

3月，香港交易所上市公司、中福控股集团董事局主席施华走进成杰《一语定乾坤》现场。

4月，康定市巨海彭清一希望小学举行奠基仪式；成杰携巨海战将参加安东尼·罗宾课程；巨海“弟子班”学员相聚上海滩。

5月，成杰新书《领袖的秘密》正式上架。

6月，成杰高端演讲式销售培训课程“为爱成交”震撼问世；巨海“弟子班”学员秘训在成都宽窄巷子举行。

7月，一年一度的“未来领袖演说班”第三期在上海隆重开班；“80后”演说少帅成杰踏入教育培训行业11周年庆典。

8月，“巨海总经理商学院”在上海拉开帷幕；巨海绵阳分公司正式成立运营；成杰携巨海“弟子班”学员游学峨眉山；成杰与马克·汉森先生、曾仕强教授等演说名师共同缔造了一场别开生面的“亿万富翁制造机”。

9月，“80后”演说少帅成杰接受四川经济频道《风云川商》专访；成杰携秦以金老师及巨海企业家学员们来到西昌市磨盘乡中心小学，完成了巨海第四座希望小学的考察与捐赠。

10月，巨海集团由800平方米的慧山科技园迁往2000平方米的汤泉国际。

11月，巨海嘉兴分公司正式成立运营；“‘引爆正能量’国际研讨会——商业传奇与精神传承”在中国六大城市拉开帷幕，成杰与国际激励大师约翰·库缇斯携手八位大师联袂全国巡回演说。

12月，第一期“巨海合伙人·洽谈会”在上海巨海集团总部举行；巨海教育集团举办第186期《一语定乾坤》暨巨海集团六周年庆典活动。

巨海在成杰的带领之下，正以巨龙腾飞、海纳百川的昂扬姿态向前迈进。

正如中国演讲泰斗李燕杰大师所评价的那样：“青年是我师，我是青年友，学生是我师，我是学生友。我与成杰相识相知多年，彼此间，如师如友，亦师亦友，可谓莫逆之交，忘年之交。成杰被誉为‘80后’演说少帅，他从穷二代到高富帅的确难能可贵。幼年的他从穷乡僻壤历经了艰难困苦，来到繁华的城市之中，边工作边学习，边读书边奋斗，读万卷书，行万里路，阅人无数，拜名师，交贵友，遇高人。有德有识，有才有学，有智有仁，有勇有博，有真有善，有美有慧！”

李燕杰大师还说：“我俩有相似的经历，又有相同的志趣，我们都是从困苦中走来，十分理解广大青年人的疾苦，也了解他们的憧憬与渴望。他们都希望找到智慧之师，走向成功之路。为此，我们都志愿献身于教育培训事业，共同完成一个铸魂育才的系统工程。成杰年轻，又有智慧、有志向、有胸怀、有格局，必定前途无量！”

而在成杰的心里呢，李燕杰大师也是非常可亲可敬的老人，他们有着那么多共同点，虽然是忘年之交，但惺惺相惜。

李燕杰大师的很多睿语佳句成杰都记在心里，常常咀嚼、回味。诸如：

远望方知风浪小，凌空乃觉海波平。

人生的可悲，不在于没有事业的成功，而是从来没有对于成功的追求和渴望。

人生在世，少不了寂寞失意、坎坷磨难，甚至阴暗笼罩、困苦相伴。面对挫折与困难，智者总会为自己打气，告诫自己——能经天磨真好汉，未遭人嫉是庸才。

管理是权杖。威不足则丧失权柄，德不足则丧失人心。

……

每当成杰在生活上、事业上遇到波折时，他就会把这些句子重新检视一番，顿时又找回了前行的动力。

作为中国演说界泰斗级人物，李燕杰大师处处受人尊敬与爱戴——他曾受国家几代领导人的亲切接见；他曾代表着一个鲜明的时代印记。

作为演说大师和心灵导师，李燕杰曾经风靡全国，在20世纪80年代，有“文有李燕杰，武有李连杰”之说。

抛却演说家的耀眼光环，李燕杰还是一位孜孜不倦的教育家。他常说：人生不是一支短短的蜡烛，而是由我们暂时拿着的火炬，我们一定要把它燃得十分光明灿烂，然后交给下一代的人们。

60多年来，他一直高擎中国传统文化这把火炬，进行铸魂育才的实践。他在85岁生日时说：“每个有点儿智慧的老人如果都能使小我变大我，融汇到社会之中，把一生的宝贵经验总结总结，留给世人，该有多好！”

20世纪80年代时，杭州一女孩因失恋自杀跳进西湖，被人救起来后女孩还是挣扎着要继续跳湖。恰遇李燕杰在杭州，他只说了三句话，女孩就不想死了。

李燕杰对女孩说："成大事业者往往不是幸福中的宠儿，而是遭受诸多苦难的人！失恋不能失智，有失必有所得，得到的往往比失去的多。你这么优秀美丽，男孩不爱你，是他的损失，你去告诉他，我还不爱你呢！"

几句话，却有着魔法般的力量——女孩不想死了！

可以说，李燕杰几乎一生都在传播着正能量，而他本人的人生经历，也充满着正能量。

他出身普通，少年时曾卖报纸、当小工、当学徒，到农村开荒，最穷困的时候家里连手纸都买不起。因为太穷，他为生活所迫而一再辍学，辗转上了八个学校，两所小学、四所中学、两所大学。青年时参加了中国人民解放军，在枪林弹雨中侥幸逃出死神魔掌。壮年时赶上"文化大革命"爆发，被打入牛棚。晚年，又罹患晚期癌症。

但李燕杰毕竟是李燕杰，他迅速调整心态，在进行了基本治疗之后拒绝了一切化疗放疗，他坚信"邪不压正"，坚信自己的精神力量能够战胜病魔。病魔也是欺软怕硬的，它灰溜溜地离开了李燕杰的身体。

李燕杰大师博闻强记，知识渊博，在演说时旁征博引、深入浅出、鞭辟入里、言之凿凿、听之跃跃。凡听过李燕杰大师演说的人个个激情振奋，场场掌声雷动，故他被称为"当代国际教育艺术家”“精神铸魂师”。

尽管命运多舛，但李燕杰始终保持一个正能量形象，以大写的姿态傲然屹立着。

远望方知风浪小，凌空乃觉海波平。成杰也告诉自己：“虽然人生磨折多过安逸，但也要以李燕杰大师为师，像他那样笑看人生，立志用自己的演说去打动并激励更多的人，让更多的灵魂沐浴在正能量之中！”

在此次巨海6周年庆典上，李燕杰大师为成杰颁发了“中国梦演讲艺术勋章”“爱国教育成就勋章”。

巨海是一个群英荟萃的地方，是一个培养人才的训练场，更是一个造梦圆梦的舞台；巨海是培训界杀出的一匹黑马，是一个拥有伟大使命感和崇高愿景的超速成长型企业。

在巨海，有那么一群人，他们日夜兼程、无畏艰辛，经受风雨洗礼，拥有满满收获。无论前路如何，他们依然爱岗敬业，全力以赴。他们带着感恩心、责任心、事业心，心心相印，风雨无阻，携手共进。

一分耕耘一分收获，上天从不亏待任何一个辛勤付出的人，他们的付出和辛劳，在这一天，在巨海，终于开花结果。

在6周年的盛典上，巨海集团相继颁发了集团副总裁、杭州分公司总经理、绵阳分公司总经理、上海分公司营销副总等任命书；为弟子班优秀弟子颁发了超越自我奖、追随蜕变奖、卓越贡献奖、卓越合伙人奖以及爱心传承奖；还颁发了巨海集团舞蹈天使奖、管理贡献奖、功勋人物奖、感动人物奖以及2014年“孝道之星”奖等；另外，巨海集团也为部分合伙人举办了合伙人授牌仪式。

这既是一份荣耀，也是一份职责，更是一份担当。相信，在新的一年，每一位巨海同仁和客户将携手巨海，再续辉煌。

接着，一场慈善拍卖在爱心交接中进行着，由巨海集团董事长成杰与国际功夫巨星陈天星分别来拍卖，所得善款，皆投入希望小学捐建中。

一下午的感动和喜悦，在最后的晚宴中达到了高潮，觥筹交错间大家彼此祝福，彼此感谢。

夜已向晚，华灯初上，“携手巨海，势不可挡”，巨海6周年庆典画上了圆满的句号。

回首巨海6年的发展历程，72个月、2190天、52560个小时，匆匆那年，巨海人青春洋溢，顽强奋斗。

理想与现实交织，收获与辛劳并存，欢乐与泪水齐飞，希望与梦想同在！

成杰睿语

人生终要有一场触及灵魂的旅行：
不胜烦恼不足以生智慧，
不入巨海不足以得宝珠。

—— 改写命运的商业大智慧 ——

2015年4月1日，成杰的新书《一语定乾坤》正式面市，这是成杰在全国125个城市进行3800多场公众演说的精要内容。

《一语定乾坤》传递了公众演说的精髓和价值，是一本值得收藏的学习宝典和参照指南。它不仅限于课程的精华内容，还以大量案例来诠释课程中无法传达的思想与智慧。

这本书在未出版之前，众多读者就已经望穿秋水，翘首以待。出版发行后，《一语定乾坤》即获得当当网、亚马逊等一线购书平台大力推广。当当网上线24小时荣登新书推荐榜首，足见人们的内心对于提高公众演说能力的渴望！

一千个假设，比不上一个事实，事实就是最有力量的雄辩！成杰就是因为公众演说而魔法般改变自己人生命运的人。

成杰坚信：天助利众者，利众者伟业必成！

所以他以14年专心从事教育培训的经验与体悟，无私地教人如何运用公众演说来集聚人才、鼓舞士气、打动人心、提升形象、深度合作……博观而约取，厚积而薄发。他仿佛是一位挖掘宝石的人，舍弃矿渣，留下宝石，于是就成就了这本让人们洞悉公众演说的著作——《一语定乾坤》！

千万年来，始终有一种令人着迷的力量，印烁苍穹，被这个世界上最伟大的思想家、政治家、战略家、企业家运用，通过运用这种力量，他们改写了时代，影响了亿万人的命运 。

这种力量，是只有少数人才知道的秘密，掌握这种力量，你可以做你想做的事，实现你的梦想，从此改变自己的命运。

它就是——“公众演说”！

一言之辩重于九鼎之宝，三寸之舌强于百万雄师。

古今中外大凡深具影响力的成功人士都会运用公众演说之力量，运用语言之魅力超越自己，影响他人，造福众生。

那么，如何发挥语言的魅力，成为一名超级演说家呢？

在中国东海之滨一个叫上海的大都市，有一个专修公众演说的梦工场——巨海集团。他们帮助无数人突破天生内向寡言之性格，跨过笨口拙舌之障碍，运用公众演说之力量触摸成功的奥秘。

巨海集团董事长、上海巨海成杰公益基金会创始人成杰先生在从事教育培训14年的时间里，先后参加了100多位国内外知名企业家、演说家的演说和学习，并与共和国演说家李燕杰教授、彭清一教授、刘吉教授，与国际大师乔·吉拉德、汤姆·霍普金斯、马克·汉森、约翰·格雷等名人名师同台发表公众演说。

他走过125座城市，发表3800多场公众演说提炼出来的巅峰巨作《一语定乾坤》，至今在全国巡回举办了265期，直接影响听众近15万人次，成为亚洲培训界最具影响力的公众演说培训课程之一，成为当代中国企业家的必修课。

一语定乾坤：是一次心法与能量之旅；

一语定乾坤：是一场超越演说的演说盛宴；

一语定乾坤：是一个充满智慧与大爱的能量场。

《一语定乾坤》课程从领袖力、演说力、影响力和生命力这四大“力量”或者四大维度提升企业家的领导魅力、公众演说能力、团队建设能力、文化软实力，将语言的力量发挥到极致。

作为一位领导人或者领袖，所必须具备的四大“力量”或者四大维度深度阐述如下：

领袖力：领导人所有的问题都是能量的问题。

企业所有的问题都是领导人的问题，领导人所有的问题都是能量的问题。领导人经营企业的全部法则皆存在于其内心，企业是否能够发展腾飞，取决于领导人所拥有的能量，领导人如何引爆自身的正能量？如何引爆团队的正能量？企业家的第一核心竞争力就是能量。

引爆正能量法门之一：向高能量的人化缘。

如何“化缘”？即问道、碰撞、连接。

周公问道姜子牙，刘备三顾茅庐访诸葛亮，王石拜会褚时健……无论古人今者，那些超凡脱俗的领袖们，皆懂得向高能量的人化缘。他们访遍名山大川，踏遍紫陌红尘，为的便是汲取前人之经验，接收高人之智慧。

引爆正能量法门之二：向低能量的人布施。

何为布施？即给予、交给、贡献。

战国时代有四公子：齐国有孟尝君，赵国有平原君，魏国有信陵君，楚国有春申君。为什么这些人说话对当时国君都有极大的影响力？因为他们不断布施，礼贤下士，广招宾客，不断地扩大自己的影响力。耶稣说："施比受更为有福"。因为，一个不断布施的人，会越来越有能量，越来越具影响力。

引爆正能量法门之三：心量决定能量。

何为心量？即心中有梦，心存敬畏，心怀感恩。

长江不择细流，故能浩荡万里；大海容纳百川，方可波澜壮阔。一个人心量宽广，拥有一颗宽容之心，不仅是一种社交的艺术，更是一种做人的度量和人格的伟大。

引爆正能量法门之四：改变圈子即将改变命运。

何为圈子？即人脉，关系，平台。

人既有伟大的自我意志，亦深受环境的造化。一个人的命运正是由他所处的圈子所决定的。你要想成为什么样的人，你就要和什么样的人成为朋友。

引爆正能量法门之五：持续不断地发表公众演说。

纵览古今，无论是商界、政界还是宗教界，每个伟大的领袖都是一流的演说家，而一切伟大的演说家都在传递正能量，他们通过公众演说，来感染别人的情绪，激发众生的爱、智慧与正能量。

引爆正能量法门之六：持续不断地自我超越。

一个人只有在生命中不断地自我超越，才能越来越清晰地认知自我，才能凝聚更多的能量。领袖立于不败之地的唯一秘诀就是持续不断地自我超越。用我成长的速度，来震撼我所遇到的每一个人！

引爆正能量法门之七：动作创造情绪，情绪引爆能量。

一个昂首挺胸的人，一定积极向上，一个挥斥方遒的人，一定意气风发。动作可以引爆一个人的情绪，情绪等于人生，能量隐藏在情绪中，高昂的情绪，自然有强大的能量，而情绪低沉，能量自然弱小。情绪是流动的能量，一个人的情绪由他所关注的焦点、他所表现的状态、他所理解的意义组成。

演说力：驰骋商海风云，笑傲春秋人生；掌握演说智慧，胜过百万雄兵

公众演说不仅仅是一项口才技术，更是智慧和真理的显现。

学习改变命运，演说创造奇迹。古今中外大凡深具影响力的成功人士都是善于公众演说的说服力大师。每个伟大的领袖都是说服型的教育家、思想家、演说家，他们是真正会讲话的人，他们是运用语言创造奇迹的人。

公众演说的魅力是无穷的，但凡有野心、对生活现状不满、想要改变自我、攀登成功巅峰的人，都应首先掌握公众演说的真知，如何才能做到呢？在《一语定乾坤》课程中，成杰从“五行演说系统”和“演说创造奇迹的五大法门”这两大途径来诠释公众演说的终极秘诀。

古人把宇宙万物划分为五种性质的物质，即“金、木、水、火、土”五行相生相克，又瞬息万变。世界万物皆具阴阳五行属性。五行演说系统，是用五行相生相克之理，解密演说的真谛。五行演说系统，从演说的五个方面“魂、道、法、器、势”着手，破解演说的秘密，掌握了五行演说系统，即掌握了演说心法。

演说之魂在五行中属水，核心是感觉。有感觉地说话，说有感觉的话！语言，有感觉才有杀伤力，有感觉才能把自我的思想植入对方的心中。

演说之道在五行中属土，核心是帮助。演说的目的在于帮助听众，世界上所有伟大的壮举，都在于发自内心的想帮助众生，所谓“成人者，天成之”。

演说之法在五行中属金，核心是法门。成为演说家的法门在于练习，学习获得知识，练习拥有本领，体验进入核心，分享传承智慧。

演说之器在五行中属木，核心是工具。“工欲善其事，必先利其器”。演说的工具，是增加演说色彩的画笔，运用演说家必备的五大工具，可以增加演说激情，增强演说气场。

演说之势在五行中属火，核心是激情。激情成就梦想。燃烧的激情，是造就成功的常见特性，激情是演说的动力，有了伟大的激情，才能够拥有伟大的演说力。

《一语定乾坤》的五行演说系统全面覆盖了演说心法，从五行演说系统中领悟演说的精华与奥妙，快速掌握演说技巧与心法，五行学说是现代思维哲学的大成，五行演说系统则是演说中的经典秘籍！

追溯人类历史，回望千年文明，不难发现，时代的变革与动荡，不乏英雄辈出。左右人类思想，号令千军万马者，都拥有一种"神秘"的力量！即公众演说。

伟大领袖毛主席，透过公众演说，团结各界爱国人士，最终建立新中国。

国父孙中山先生，透过公众演说发起革命运动，最终推翻封建统治。

美国苹果创办人乔布斯先生，透过公众演说让苹果公司成为历史上市值最高的公司6235.1亿美元。

阿里巴巴集团董事局主席马云，透过公众演说，让阿里巴巴成为互联网第一品牌。

巨海集团董事长成杰，透过公众演说，让巨海短短8年成为中国培训界的一匹"黑马"，从一家公司发展到60余家分公司。

……

在当今现实生活中，青年作家纳兰泽芸的"魔法人生"，也是因公众演说而起。

纳兰泽芸因为童年时突患疾病，导致患上了严重的语言障碍疾病。

这种语言障碍疾病让她经受了无数的嘲笑、数不清的屈辱与痛苦，给她的学习、生活和工作带来了常人难以体会的伤痛与障碍。在长期的沉重的精神压力下，她于2008年患上抑郁症，甚至差点因抑郁症而放弃生命。

为了在绝境中自救，纳兰泽芸凭着自己极大的毅力与勇气，从2008年10月份开始自创“快速朗读法”，规定自己每天快速朗读100页书。无论多忙，她都抓紧一切时间读书，上下班路途中、午休时、等客户时、家里做饭时……随时随地手里握本书，随时打开朗读。

这是个很笨的办法，但纳兰泽芸就是用这个笨办法，八年如一日地训练口语。铁杵磨针、精诚所至，她终于能够做到与任何人自如交流了。

在这个训练口语的艰苦过程中，她也见缝插针地顽强写作。成为《读者》《青年文摘》等一线期刊的签约作家，发表数百万字的作品，成为上海作家协会、中国作家协会会员，作品入围第六届鲁迅文学奖。

纳兰泽芸为了突破自己，提升自己的公众演说能力，她做出了一个决定：独自一人去上海地铁上进行地铁演说，而且至少要连续二十天，借此来彻底突破自己！

2011年5月份，纳兰泽芸以极大的勇气和顽强的毅力在上海地铁一号线上进行了艰苦卓绝的二十天地铁演说。其间经历了许多挣扎与纠结，但她恪守自己心中的誓言，勇敢承受一切，坚持完成了二十天地铁演说！

后来，纳兰泽芸从一个曾经连一句完整话都说不出来的女孩，成为一位常受邀去演说的作家和演说者。她参加电视演说节目，与主持、播音专业的选手同台竞技，面对成千上万的观众从容自若、挥洒自如地演说。并应邀赴复旦大学、清华大学、俄罗斯圣彼得堡大学等国内外名校进行演说，成为中国演讲协会理会，被《演讲与口才》杂志特聘为“全国巡回演讲团演讲家”，并成为演说泰斗李燕杰大师年纪最小的弟子。

纳兰泽芸曾经无数次地抱怨过命运对她的不公，对她的无情。而如今，她回过头来想，却忽然明白，这也许是命运特意强加在她身上的苦痛，它逼使她在这苦痛之中锻造毅力，锻造坚忍与人格，逼使她像浴火凤凰一样在烈火中涅槃。

如她所言：“无论生活欣悦也好，伤怀也罢，让我们就做那泓静静的溪水，清清浅浅地，流过生命细密的竹林。”

影响力：利众者伟业必成，一致性内外兼修

为什么宗教能够生生不息，千年传承？

为什么伟大领袖毛主席能够团结全国人民，建立新中国？

为什么马云能够创立强大的阿里帝国？

无论是政治领袖、商界领袖还是宗教界领袖，都拥有一个相同的惊人秘密。

这便是领袖的秘密——说故事，谈梦想，给希望！

领袖都是教化人心的高手。

领导者很清楚故事具有攻破人心的威力，他们都是讲故事的高手。

新东方的俞敏洪说："我高考连续2年失利，第3次考上了北京大学，却是班上英语成绩最差的学生。同班同学平时看着学习也并不怎么认真，但一到期末考试就能考出好成绩，我每天学习时间都要比他们多两三个小时，但每次期末考试都是全班倒数几名。"

阿里巴巴的马云说："我大愚若智，其实很笨。所有学科成绩都不好，只有英语特别好。因为每次爸爸骂我，我就用英语还嘴，他听不懂，挺过瘾，我就越学越带劲儿。"

这些企业大佬都喜欢说一些自曝家丑的小故事，一方面，这些小故事可以拉近领导与下属的距离；另一方面，这些不堪的过去可以鼓舞所有人，你也能成为像俞敏洪和马云一样的成功者。

不仅如此，伟大的领袖一定是一位造梦的高手，通过美好的梦想来吸引顶尖人才，并一起实现梦想。

2011年12月，巨海集团董事长成杰老师通过《一语定乾坤》的课程，讲述自己的成长经历和创业故事，真心抒发自己捐建101所希望小学的梦想，打动并改变了巨海集团副总裁秦以金的人生轨迹。

华为创始人任正非退伍转业后，拿着3万元去深圳创办华为。为了激励团队，任正非开会时和高管说："以后买房子，客厅可以小一点，卧室可以小一点，但阳台一定要大一点！"在场的人非常纳闷：为什么阳台一定要大一点呢？任正非笑道："因为10年后你们都没有事干了，在没有事干的时候，可以把钱拿到阳台上晒一晒！"

领导什么都可以比员工差，但有两样不能比员工差，那就是梦想和胸怀，而领导者往往也都是造梦的高手。

用故事打动人，远远胜过用大道理教化人；用梦想吸引人，一定强于用规章制度约束人；用希望激励人，更是可以创造无穷的力量，可以创造意想不到的奇迹。

一个人之所以做事有力量，是因为他有信心；一个人之所以有信心，是因为他看到了美好的希望。

领导者不仅要脚踏实地带领员工冲锋陷阵，更要制定战略，规划蓝图，给员工打造一片充满希望的天空。

故事带给人能量，梦想带给人力量，希望带给人信心，这就是领袖的秘密。

生命力：物质终将被人们遗忘，唯有精神才能生生不息

智，法用也；慧，明道也。

天下智者莫出法用，天下慧根尽在道中。道生法，慧生智。慧足千百智，道足万法生。智慧，道法也。智者是所有人的偶像，智慧是所有人的追求，当然，一个人的智慧不是先天就拥有的，那么，智慧到底是如何生发的呢？

一个人无时无刻不在抱怨，天气晴朗，抱怨阳光太过耀眼，天气阴沉，抱怨世界太过昏暗；一个人无时无刻不在感恩，得到时，他感恩万物的临在，失去时，他感恩世事的考验。这两种人谁更能在人生中进取，谁更能在时光中璀璨？无疑是感恩的人。

生命的拥有在于时时感恩，感恩是生发智慧的第一大法门。

一个人只顾自己，为自我的得失而悲喜，慢慢地，他身边只有自己孤零零的影子相伴；一个人若心系芸芸众生，因他人之喜而喜，因他人之悲而悲，慢慢地，他身边聚集了无数同气连枝的兄弟姐妹。这两种人谁的步伐更坚定，谁的未来更光明？无疑是焦点利众的人。

生命的能量在于焦点利众，焦点利众是生发智慧的第二大法门。

一个人对未来没有任何期盼，每天浑浑噩噩，日复一日；一个人心中有伟大的梦想，每天激情万丈，挥洒热情。这两种人谁的未来最辉煌，谁的人生更精彩？无疑是心中有梦的人。

生命的伟大在于心中有梦，心中有梦是生发智慧的第三大法门。

一个人安逸于温室，不经历风吹雨打；一个人挣扎于困苦，磨炼于狂风暴雨。这两种人谁的生命更强大，谁的世界更宽广？无疑是经历苦难的人。

生命的强大在于历经苦难，历经苦难是生发智慧的第四大法门。

一个人把漂亮的玫瑰深藏于室，裹于棉被，任花自开自谢；一个人把漂亮的玫瑰送给他人，让这份美丽在所有人的见证下花开绽放。这两种人谁的日子更芬芳，谁的时光更精彩？无疑是乐于分享的人。

生命的喜悦在于传道分享，传道分享是生发智慧的第五大法门。

一个人前半生为财富钻营，后半生为健康奔波，临终前既无财富傍身，又无亲人留恋；一个人发自内心地帮助人、影响人和成就人，离开的那一刻他的名字还刻在历史的长河里，活在无数人的心中。这两种人谁的生命更有价值，谁的人生更有意义？无疑是付出奉献的人。

生命的价值在于普度众生，普度众生是生发智慧的第六大法门。

一个人的生命如死水，没有生机，年复一年；一个人的生命如大海，一次又一次地冲向远方。这两种人谁的心胸更加宽广，谁的生命更加绽放？无疑是心灵富有的人。

生命的绽放在于内在丰盛，内在丰盛是生发智慧的第七大法门。

一个人信天信地不信自己，靠天靠地不靠自己；一个人信天信地更信自己，相信人定胜天。这两种人谁的未来更清晰，谁的人生更美满？无疑是用心经营的人。

生命的幸福在于用心经营，用心经营是生发智慧的第八大法门。

一个人十年不变，原地踏步；一个人时刻在不断学习、成长、精进和蜕变。这两种人谁的生命更充实，谁的人生更精彩？无疑是不断学习、成长、精进和蜕变的人。

生命的成长在于日日精进，日日精进是生发智慧的第九大法门。

一个人只会做白日梦，从来不行动；一个人决定了就行动，行动了就坚持，最终收获。这两种人谁离成功更近，谁更能迈向顶峰？无疑是身随心动，触动行动的人。

生命的蜕变在于真正决定，真正决定是生发智慧的第十大法门。

青年俊杰——成杰，一语千钧，凭空惊雷！

他从四川大凉山走来，将百家思想融会贯通，一语中的，照见你非凡的生命！

他从东方上海滩奋发，将繁芜人生简而化之，一语道破，引领你精彩的旅程！

这融会贯通、简而化之的十句话，独特、凝练而有力，直击生命的内核——

生命的拥有在于时时感恩，
生命的能量在于焦点利众，
生命的伟大在于心中有梦，
生命的强大在于历经苦难，
生命的喜悦在于传道分享，
生命的价值在于普度众生，
生命的绽放在于内在丰盛，
生命的幸福在于用心经营，
生命的成长在于日日精进，
生命的蜕变在于真正决定！

成杰立志用独创的“生命智慧的十大法门”，影响5亿人的生命和生活，让5亿人获得阳光、健康、智慧、丰盛、喜悦和自在的人生。

《一语定乾坤》走进了千千万万企业家的内心世界，让企业家身心解放，让员工彻底绽放，让企业重获新生，让经营回归简单。

成杰睿语

道不外求，以心为师。精进在于自己的内心，蜕变源于自己的意愿。

没有平凡的人，只有平凡的人生。你是谁并不重要，重要的是：你是否坚持了自己的梦想！

领导人，就是向高能量者“化缘”，向低能量者“布施”的人。化缘与布施就是付出爱与接纳爱！

第八辑

背着泉水往沙漠倾注的人

—— 巨海七载，慈善基金会启航 ——

2015年12月18日，巨海集团迎来了7周年庆典。庆典会场高朋满座，气氛热烈而不失庄重。

七载寒暑易节，七载春华秋实。

这7年，见证过往的栉风沐雨，谱写今朝的气势如虹；这7年，追忆昔日的峥嵘岁月，展望未来的势不可挡。

这7年，巨海人同心同德以行践言，不畏艰难南征北战；这7年，巨海人名师指点言传身教，感动感恩孝道之心。

这7年，巨海人秉承一群人、一辈子、一件事的信念，用一颗利众之心，普度众生，铸造璀璨，共创辉煌。

整整7年，7年来的每一个日日夜夜，以成杰为灵魂人物的巨海人都在不断努力、不断精进、不断成长、不断挑战，并最终实现不断自我超越。

这就是人生，人生就是经历和体验的总和，在这一路的创业经历中，他们的生命变得更有意义；在这一路创业的路程中，他们的人生变得更有价值；在这一路演说、分享、传道的过程中，他们的生命得以升华。

正如成杰在庆典致辞中所说的那样："教育改变一个人的思考模式，训练改变一个人的行为模式，我深深地爱着巨海教育培训这样一份事业，我深深地爱着巨海的每一位家人，我深深地爱着巨海的每一个顾客，我珍惜每一次站在舞台上的机会。我要全力以赴去把每堂课讲好，讲精彩，讲到极致，这是我的职责，也是我的使命，我要真正对得起每一位选择来到巨海的家人，对得起每一位选择来到巨海的顾客。"

的确如此，7年多来，铁一样的事实摆在那里，成杰是这样说的，也是这样做的。从2008年他创办巨海以来，他便在内心深处设立了一个梦想——用毕生的时间和精力去捐建101所希望小学。

怀揣着这样一个在旁人看来"匪夷所思""痴人说梦"的梦想，他稳扎稳打地一步步走到今天，也在一步步地践行着他的梦想。

到2017年5月12日为止，他已经成功捐建了9所希望小学。为了在未来的日子里更好地参与慈善，去帮助影响成就更多人的生命，他又做出了一个重要的决定：成立上海巨海成杰公益基金会！

成杰因为自己从小生长于偏僻的大山深处，尝够了上学路上的艰辛，甚至亲眼目睹小伙伴在上学路上被汹涌无情的河水卷走……所以他深深地同情着大山深处的那些孩子们。

这些年，他捐助了数所希望小学，当他去看望那些孩子，看到他们沾着尘土的小脸上那纯真无邪的笑容时，他的内心就有着一种无以名状的幸福感。

"在帮助别人的同时也帮助了自己，增加了自己的幸福感。"

以前他对这句话理解并不深刻，但自从自己参与慈善事业之后，他就深深地理解了这句话的真正含义。

《礼记》中说："故人不独亲其亲，不独子其子，使老有所终，壮有所用，幼有所长，鳏、寡、孤、独、废疾者皆有所养。"人们不能仅仅奉养自己的父母，养育自己的孩子，而是要让天下的老人都能安享晚年，青壮年为社会效力，儿童能茁壮成长，无妻、无夫的人，孤儿、无子的人，残疾人都能得到关爱。这也许就是古人思想中朴素的"慈善"观。

成杰成立上海巨海成杰公益基金会的初衷正是为了一个"爱"字。他认为慈善不仅在于钱，更多的是在于心。

巨海7年的高速发展，离不开所有巨海同仁用心的努力和付出，更离不开广大企业家朋友们的无比信任和大力支持。

穷则独善其身，达则兼济天下，发展壮大了的巨海，时刻不忘自己肩上承担的一份社会责任和使命。

但独木难成林，涓滴难成海，靠巨海集团一己之力毕竟是微薄的、有限的。成杰发现，巨海的很多企业家朋友的身上，也有着这样的担当和责任。他想，如果联合各位大爱、慈悲的企业家们，一起来助困、助贫、助学，来影响来成就更多的生命，在未来的日子里，大家肩并肩把爱传出去，那么生命一定会更精彩，心灵一定会更净化，灵魂一定会更升华。所以当成杰发起成立上海巨海成杰公益基金会时，应者云集。

经过多日筹备、多方支持，上海巨海成杰公益基金会登记申请顺利通过批复。在庆典现场近千人的注视、聆听与见证下，上海市民政局基金会马国平处长郑重宣读批文：

准予基金会登记决定书

沪民社登20150641号

上海巨海成杰公益基金会发起人：

你们提出上海巨海成杰公益基金会设立登记的申请，已于2015年11月18日收悉，经审查，符合法律法规条件。根据《中华人民共和国行政许可法》第38条和国务院《基金会管理条例》第11条的规定，决定准予上海巨海成杰公益基金会设立登记。

我们正式宣布：上海巨海成杰公益基金会正——式——成——立！

慈善初心，一朝梦圆。那一刻，成杰的眼眶温润而潮湿。

成杰睿语

小成功者都是活在自我的世界中，

大成就者都活在众生的世界里。

背着泉水往沙漠倾注的人

成杰的内心思潮澎湃，不能平静，他的眼前不禁浮现出7个月前那次遥远、艰难却收获了太多感动的巨海康定慈善行。

那次康定慈善行，由成杰亲自带队，一行共20多人，于2015年5月7日早晨由上海驾车出发。

上海到康定，近3000公里的路程，他们带着一份爱与一份责任，去看望巨海在康定捐建的3所希望小学的老师们和同学们。

一路风尘仆仆，临近康定界域，山路越来越颠簸，海拔已超过4000米，很多人开始出现不适反应，但大家都用乐观对抗着这样的不适。

一路险象环生。路边不时会有这样的警示语："震后边坡松动，小心飞石！"

成杰想起2014年11月2日，康定发生了6.3级地震，很多房子都震成了危房，小学校舍更是岌岌可危，在这样的危房校舍里上课，老师与孩子们的生命时刻受到威胁。

了解到这个事实之后，经过实地考察，巨海联合有着大爱之心的赖星宇、周潇璐等企业家，捐建了3所希望小学，孩子们得以在崭新结实的新学校里安全学习。

2015年5月8日凌晨2点25分，他们终于到达了四川甘孜州康定县。

此次他们探望的3所希望小学分别是：康定巨海赖星宇希望小学、康定巨海周潇璐希望小学、康定巨海新都桥希望小学。

每到一所希望小学，孩子们用欢快的歌舞、明媚的笑脸、鲜艳的红领巾还有洁白的哈达诚挚地欢迎他们。

看到当初破败不堪、摇摇欲倒的残破校舍如今变成巍峨的崭新教学楼，看到宽敞明亮的教室，整齐结实的桌椅，他们的内心感到无限欣慰。他们给孩子们带去了很多漂亮的文具，精彩纷呈的书籍，还有山区难得一见的食品。孩子们的笑脸绽放如遍野春花。

具有大爱之心的金木同源堂集团赖星宇动情地说："能够贡献自己的爱心，我觉得非常地开心，生命的价值在于普度众生，我现在从事的也是一份爱心事业，我决定带领我的团队在自己有生之年跟随成杰老师去捐赠10所希望小学！"

同样具有大爱之心的杭州沐枫贸易有限公司的董事长周潇璐眼含热泪地说："生命的意义在于帮助，我想告诉所有的小朋友们，今天父母是你们的一个家，社会也是你们另外一个家，我们在你们身后，会一直默默地支持、关心、爱护你们，希望你们长大以后，也能够去帮助更多的生命！"

成杰亲自教孩子们朗诵：

生命的拥有在于时时感恩，
生命的能量在于焦点利众，
生命的伟大在于心中有梦，

生命的强大在于历经苦难，
生命的喜悦在于传道分享，
生命的价值在于普度众生，
生命的绽放在于内在丰盛，
生命的幸福在于用心经营，
生命的成长在于日日精进，
生命的蜕变在于真正决定！

孩子们的诵读声，久久回荡在山间，虽然稚嫩，但铿锵坚定，有着对未来无限美好的憧憬。

康定县相关领导在答谢中说："代表县委县政府向上海巨海企业管理顾问有限公司董事长成杰先生及全体爱心人士表示衷心的感谢，你们关心贫困山区热心助学的行为，像春风一样温暖着山区人民的心。"

美好的时光总是飞逝如电。离别的时候，孩子们哭了，老师们哭了，企业家们哭了，大家都哭了。这样的泪水，除了是离别的泪水、不舍的泪水，更多的是幸福的泪水。正如莎士比亚所说的那样："慈悲不是出于勉强，它是像甘露一样从天上降下尘世，它不但给幸福于受施的人，也同样给幸福于施与的人。"

短短数天的慈善行结束了，返程的路上，大家心潮澎湃。

同行者中，有人说："这是个难忘的康定之行，对于我来说，真的记忆犹新，再远的路我都不觉得累，看着纯洁的孩子，蓝蓝的天，我觉得真的责任很多很多。"

有人说："动机善则事成，我愿意从今天开始，要求自己，要求身边的员工，要求我的家人，一起多做善事爱心事，希望能够帮助到更多的小朋友！"

有人说："我感受到了我肩上的一份责任，我要感召更多的人，走进这大爱的旅程！"

正当大家陷入沉思的时候，一段悠扬深情的旋律飘来：

给我一段烛火温暖着寒冷，
给我一点勇敢穿过这黑暗，
给我一些坚强走完这条路，
给我一点梦想挣脱这现实。
一片落叶滑落，会惊扰了整个夏天，
一片雪花落下，预示冬的寒冷，
太阳每日东升，照耀大地无限的曙光，
只要有梦就能看见希望，
只要有梦就能看见希望……

是的，只要有梦，就能看见希望。

巨海慈善人，他们是一群背着泉水往沙漠倾注的人，虽然力量微薄，但他们有着夸父追日、精卫填海的不懈精神。他们坚信，终有一日，他们的一瓢一斛，最终会引来甘霖无数。

善行若水，润泽天下，终将化为大爱无疆的爱之绿洲，那生命之绿，将绵延无际。

孝，百行之冠，众善之始

成杰出身贫寒，童年时的他看到父母亲背负着生存的重担像蝼蚁一样艰辛地生活着，他感到万分地心疼，可是他人小力单，除了看在眼里，疼在心里，他毫无办法。

他曾在小小的心里暗暗发誓：等我长大了，我一定要好好努力，好好孝敬父母，让父母过上舒心的日子。

少年成杰走出了大山，可是生活向他一次次露出狰狞可怖的面孔，他不仅毫无办法孝敬父母，连自己都差点养不活。

那一年，父亲修房子摔下，断了好几根肋骨，那该有多疼！可是让成杰心更疼的是，父亲怕花钱，硬是扛着没去医院。

在绵阳挣到第一笔小钱，赶紧给长年患有严重肺病的父亲买了床电热毯，没想到父亲竟然两年都原封未动，原因竟然是不舍得那点电费！

后来创业初期，艰难万分，如履薄冰，他也没能及时让父母亲过上好生活。原想着日子还长着呢，等境况好转，有的是孝敬的机会。

谁能想到，短短几年之后，父亲就病情极度恶化，永远离他而去，这是他万万没有料到的事情。虽然在父亲最后的日子里，他亲自背着父亲去了父亲最想去的天安门、毛主席纪念堂，然而这远远不够啊。

父亲与他天人永隔之后，有一段时间他夜夜成梦。他无限愧悔，无限伤感，他才真正体会到子欲孝而亲不待的锥心苦痛。

父亲去了，只剩下母亲了，他把所有的孝顺之爱都倾注到了母亲身上。

当成杰大婚那天，在婚礼现场，他“扑通”一声跪在瘦小苍老的母亲面前，泪流满面。那一刻，他的内心五味杂陈、百感交集，他多么希望此刻父亲也健在，也见证儿子步入人生又一个新里程的重要时刻啊！

妻子闫敏也是一位至孝的好儿媳。孩子出生之后，母亲更是开心不已。每每看到母亲曾经黑瘦而多皱的面孔如今变得白了点，丰腴了点，更重要的是母亲的笑容绽放在皱纹里，成杰就觉得无比欣慰。

在对母亲尽孝的过程中，他更深深意识到“孝”这个字的深刻、隽永而广博的含义。他也渐渐明白了，一己之孝，是小孝，为大众谋福，才是大孝。

在掌舵巨海这艘航船的时候，他将“孝”这个字摆在了高高的位置，他让每个巨海员工都深深明白“孝”字的重要性。

他要让所有巨海人都明白——在这个世界上，孝顺父母不能等，作为子女，对父母最大的感恩就是成为父母、成为家庭、成为家族的骄傲！

他要让所有巨海人都明白——夫孝，始于事亲，中于事君，终于立身。其实这与儒家所说的修身、齐家、治国、平天下，以及人乐、家和、国安、宇清是一脉相承。

他要让所有巨海人都明白——孝，上面一个老字头，下面一个子字底，老与子合而一体遂为孝，因此孝代表一体。既融为一体，就少有对立，少有冲突，真正孝顺的人，内心里也是少有冲突对立，一般与任何人任何事都可以和谐相处的。

他要让所有巨海人都明白——爱亲者，不敢恶于人，敬亲者，不敢慢于人，爱敬尽于事亲，而德教加于百姓，刑于四海。能够把爱孝于父母敬于父母的人，一般在外面为人处世也是忠诚而厚道的。

……

成杰始终认为，夫孝者，百行之冠，众善之始也。

巨海集团，在教育培训行业引领奔跑，更是始终不忘中华民族之传统美德，将“孝道文化”作为公司的核心文化之一，并且落到实处，扎实稳步地推进、传承，历久弥新，彰显出了无限的精神魅力。

正是秉承这样的信念，巨海每年都要选出若干“孝道之星”，成杰亲自为“孝道之星”颁奖，而且将孝道之星的父母从全国四面八方请到上海，让辛劳的父母感受这份子女带来的荣耀，感受一份骄傲与自豪。巨海集团一年一度的“孝道之星”颁奖盛典，激励着巨海人不断为爱前行，他们以心明志，以获得年度“孝道之星”为至高无上的荣耀。

2015年，在巨海7周年庆典上，巨海集团评选出了12位“孝道之星”。

心中有爱，动力无限，12位“孝道之星”通过一年的奋力拼搏，从1000多名巨海战将中脱颖而出。

巨海高层为他们隆重颁发了巨海集团2015年度“孝道之星奖”，12位孝道之星携其父母登上至高无上的荣誉舞台，接受奖杯、鲜花与掌声。

面对着父母，面对着台下上千位企业家以及巨海伙伴，12位孝道之星们深深致谢，喜极而泣。声声感慨下，是他们千淘万漉的收获；莹莹泪光中，是他们始终如一的坚定。

巨海集团上海分公司销售战将马占龙动情地说：“最大的感恩就是不辜负和不让父母操心，在外面打拼，一时半会无法给予父母什么，但我深信我的未来是美好的，只是现在是我人生的起步阶段和发展阶段。我的这些梦想父母虽然表面相信，但心底并不踏实。所以，我觉得获得‘孝道之星’荣誉能让父母安心，也是给他们最好的礼物。在巨海7周年庆前一天，我看到父母抵达机场的照片，脸上露出灿烂的笑容，那一刻我的内心无比地感动和喜悦。感谢巨海，感谢成杰老师，给予孝道之星父母这么好的荣耀。

“当我看到父母入住酒店时，父母连酒店里的毛巾和洗浴水龙头都不知道怎么用；用餐时，面对满桌见都没见过的美味佳肴，父母茫然而局促得不知道吃哪道菜……看到这一幕幕，我内心深处难受极了，我给父母的回报太少了，以后，我要更加努力，让父母过上更好的生活。

当父母来参观公司，当他们看到我们的办公环境那么好时，非常高兴。最好的感恩就是不让父母操心，父母现在回老家后，心里会踏实很多，把我交给巨海也更加放心，同时我们也更踏实地奋斗事业了。这一切都要感谢巨海，感谢成杰老师！我深信，巨海是值得我们终身追逐、终身托付的事业！”

……

这些“孝道之星”的父母，很多都来自偏远的山区，从未来过大城市，更不用说化上妆，站在美轮美奂的聚光灯下，站在千人注视的舞台上接受鲜花和掌声。而如今，在巨海集团这个荣耀的盛典上，他们都拥有了。

也许，他们一度山南水北、遥隔千里、日夜相思；也许，他们曾经担心孩子的事业，忧心孩子的生活；也许，他们在孩子的叛逆中无可奈何、痛心疾首。而如今，他们的孩子有所成就，有了华丽的蜕变。

当他们应邀来到美丽摩登的上海，观东方明珠，并在东方明珠内用餐时；当他们漫步上海南京东路、游览城隍庙、欣赏豫园美景时；当他们在高档足浴会所里，被优质的服务包围着时；当他们在豪华的豪皇鲍翅海鲜大酒楼享用这辈子也没见过的美餐时；当他们来到巨海集团的总部，与成杰董事长交流，看到巨海是一家有文化、有使命感的企业，看到巨海有一位卓越的领导人，有一群与他们的子女一起奋斗拼搏的伙伴时……

他们的内心是喜悦而富足的！

所以当巨海董事长成杰对他们致以真诚的感谢时，他们也道出了自己朴素而发自内心的声音。

成杰说："感谢每一位父母含辛茹苦培养出这么优秀的孩子，感谢你们愿意把孩子送到巨海。他们通过自己的努力，在巨海闯出了一片天空，巨海今日的成就也离不开他们热血青春的奋斗。未来，我们一定会尽最大努力帮助他们实现愿望，让他们的人生有更高的价值和追求。"

朴实的父母们用他们浓重的乡音，真诚地说："孩子们越来越懂事，越来越优秀，这离不开成杰老师的用心栽培，离不开巨海各位领导的谆谆教诲，孩子在巨海，我们放心……"

后记

不忘初心　与爱同行

有一种说法是，这世界上有三件让人幸福的事情，它们分别是：有人爱，有事做，有所期待。

有人爱，不仅仅是被人爱，而且有主动爱别人爱世界的能力；有事做，让每一天充实，事情没有大小，只有你爱不爱做；有所期待，生活就有希望。

我发现，这样的说法很适合放在成杰先生身上。

第一，有人爱，不仅被人爱，而且爱别人。

自2003年至今，成杰从事教育培训行业已有14年。14年前，成杰在小餐馆打过杂，在街头卖过报，在路口摆过书摊，在工厂做过流水线，在炙热如火的阳光下装过空调，直至最后接触演说，走入教育培训行业。

这一路他经过很多坎坷风雨，饱尝很多炎凉冷暖，但是他生命的主旋律还是：有人爱——父母之爱、同窗之爱、师生之爱、同事的爱、朋友的爱、领导的爱、生命中贵人的爱……

也许有人会疑惑，为什么那么多人会如此不计回报地帮助成杰、爱着成杰呢？其实原因很简单，人是感情动物，贵人只会出现在积极进取、懂得感恩的人的生命里，贵人只会帮助他认为值得帮助的人！

有句古语云：“好雨击石不得润，皆付东去流水中。”如果一个不思进取、不求上进的人，如同那顽石一般，你就算付出再多帮助与真情，也是如好雨击顽石，最终会付诸东流。

这些年，成杰谨记古训：以金相交，金耗则忘；以利相交，利尽则散；以势相交，势败则倾；以权相交，权失则弃；以情相交，情断则伤；唯以心相交，方能成其久远。

所以，他记得与人都是以心相交，以心换心，懂得投桃报李，懂得人与人交往的“黄金法则”，那就是付出才会有收获，没有付出永远不会有收获。

这些就决定了日后的成杰虽然经过了无数的磨难，很多人在教育培训的舞台上放弃退缩的情况下，他却能够留存下来。如今的他，叱咤舞台，才辩双全，风云演说界，势不可挡。

14年来，他用坚持、汗水、泪水去成长、蜕变，演绎出了属于他的华美乐章，书写出了属于他的传奇与辉煌。一路走来，他不忘初心，在追梦的路上，利众利他，普度众生。

“慈者爱，出于心，恩被于物也。”慈善是一种博大深沉的爱，是一种发自内心的爱，更是一种利益天地众生的爱。一人之慈善，唯有一处明亮，只有众人之慈善，才能点亮一片光明。他得到了别人的爱，待自己壮大之后，他选择了去回报，用大爱去爱别人，爱这个世界。

第二，有事做，让每一天充实，事情没有大小，只有你爱不爱做。

成杰无数次说道：“我用生命爱着我所从事的教育培训事业，这个事业可以改变人的命运，可以铸就人的未来，甚至可以普度众生！”

14年来，成杰与梦同行，感召众多企业家一起步入慈善事业，将希望与爱传至大江南北。他认为卓越的领导人，就是向高能量者“化缘”，向低能量者“布施”的人。化缘与布施就是付出爱与接纳爱！

面对人们的交口赞誉，成杰却谦虚地说：“离终极目标101所希望小学还远着呢，但我会一直继续努力下去，继续做慈善。”

他说人生大成的核心是“三个看透”：

一是看透金钱，金钱是用来成就人去做慈善的，一个人一辈子再怎么用也用不了多少钱，所以，钱归根结底是身外之物；

二是看透名利，名利是过眼云烟，不要把名利看得太重，否则，它会阻碍你前行的步伐；

三是看透生死，历经生死，九死一生，大难不死，必有后福。

古人云：遗其功而功常存，忘其善而善自全。这话用在成杰身上，恰如其分。

第三，有所期待，生活就有希望。

成杰的人生，一直是有所期待的人生，一直是追梦的人生。他有“用毕生的时间和精力捐建101所希望小学”的梦想与使命；他有“帮助企业成长，成就同仁梦想，为中国成为世界第一经济强国而努力奋斗”的胸怀与担当。成杰为梦而行，14年不忘初心，一直行走在普度众生的路上。

他曾说过自己人生的五大终极目标：

一、演说家教练；

二、领导力大师；

三、一代大商；

四、亿万畅销书作家；

五、世界知名慈善家。

事实上，这些“梦”，部分他已经真正实现了。但还不够，他仍然奔走在坐而论道、起而践行的路上，他每天都在朝着他期待的人生风雨兼程。

2003年，2017年，14年梦想，救赎自己，影响他人，影响世界。

成杰喜欢把自己的人生规划分成一个一个的10年。

他喜欢说：“人们往往高估自己1年可以做到的事情，却低估自己10年可以完成的梦想。”他喜欢说：“今天在什么样的位置不重要，重要的是自己的心要明白自己要去哪里，10年后自己会成为什么样的人。”

是的，1年、10年，是一种岁月的积淀。

10年所收获的，需要一年又一年的累积，才能有质的飞跃。1年的努力，可能看不出什么，但10年的努力，就可能是水到渠成。

1年的梦想很梦幻，10年的梦想，可能就成了活色生香的现实。

那么，14年呢？

这个名叫成杰的年轻人，他在心里藏下了伟大的梦想，然后经过14年的沉淀、14年的积累、14年的蜕变、14年的足迹……他终于从一无所有的贫寒少年，成长为今天叱咤上海滩的企业家、慈善家、演说家、畅销书作家。

这14年，他让自己，也让众人都感受到时间的伟大，感受到人的潜能的伟大。

他曾经说过，他走出去的每一步，都是踏实而稳健的，他从来不埋怨生活也不做白日梦，有的只是坦然直面困难，绝不浪费半点时间；他曾经说过，他一次次尝试，并从每件小事中总结道理，化痛苦为力量，不达成功决不罢休；他曾经说过，大部分人都是从一楼开始起步的，可是他却是从地下室开始起步的，他每一天都在不断地告诉自己，他生命的目的就是成为一个拥有巨大影响力的领袖，而且去帮助、影响和成就更多的生命！

他出身寒微，却用演说创造生命奇迹；他矢志不渝，却用行动缔造商业传奇！

总有一种力量让人心潮澎湃；总有一种精神令人无限神往！

他坚信，一心所向，无所不能，一心所向，无所不达。

过去的14年，他已经完成部分梦想，成为人中俊杰。

下一个14年，下下一个14年，这些今日许下的梦想，一定都会变成活色生香的——现实！

我们，一路祝福！并且，一路坚信，一路同行！